I PENSIERI DI MAU... 3

Perle di saggezza raccolte insieme alle riflessioni di

bisnonno Maurizio

Terzo volume

POLITICA

ENRICO BERLINGUER E GIORGIO ALMIRANTE:
entrambi "onorevoli" anche se di ideologie opposte

BETTINO CRAXI e ALDO MORO
Poli opposti di onorabilità

GIULIO ANDREOTTI
Tanti segreti ancora da svelare

RELIGIONE

Particolare della Cappella Sistina: l'atto della creazione
Michelangelo

Noti simboli religiosi

ISTRUZIONE

LUCIA AZZOLINA, Ministro della Pubblica istruzione nel governo Conte 2

SALUTE FISICA E MENTALE

Rita Levi montalcini, premio Nobel per la medicina nel 1986 e Maria Montessori, neuropsichiatra e scienziata

Maria Curie, due volte premio Nobel, per la chimica e per la fisica

Disegno con matite colorate

Autore: Maurizio Paratore

Nato a Roma il 28/05/1950

Coniugato dal 28/08/1971

Ha 6 figli, 7 nipoti e

2 pronipoti

Email: maurizioparatore01@gmail.com

Terzo volume luglio 2021

INTRODUZIONE

Nella nostra vita quotidiana ci capita, di tanto in tanto, di incappare in qualche "PERLA" di saggezza.

Anzi, facendo una <u>attenta ricerca</u>, potremmo trovarne anche una notevole quantità...

Nelle prime due edizioni de' "I Pensieri di Mau..." ho raccolto e poi ampliato e arricchito una certa quantità di "perle" spaziando su quattro temi principali: Politica, Religione, istruzione e salute fisica e mentale.

Questo terzo volumetto conterrà solo "perle" Inedite rispetto ai precedenti libretti (anche se con qualche riferimento occasionale), sempre riguardanti gli stessi temi principali, temi che, comunque, spesso si intrecciano tra loro.

Nel frattempo si sono verificati nel mondo tanti fatti sconvolgenti e inaspettati che fanno riflettere molto.

La pandemia mondiale di covid-19 continua a mietere vittime.

Il colpo di stato militare in Birmania (Myanmar) e la sanguinosa guerra in Siria ci sconvolgono e preoccupano.

Il medio oriente (Libano, Israele e Gaza) non riesce a trovare pace.

Le nuove varianti del covid-19, soprattutto in Brasile e in India ci fanno capire che la lotta al virus è ancora molto lunga e dura.

L'immunità di gregge prima o poi si raggiungerà, ma con difficoltà e con l'incognita di ulteriori varianti.

Alcuni dei fatti accaduti, inoltre, rendono molto attuale un pensiero di Karl Kraus (scrittore, giornalista, saggista e poeta, nato in Boemia, attuale Repubblica Ceca, il 28 aprile 1874):

"Il potere dell'agitatore è di rendersi stupido quanto i suoi ascoltatori, in modo che questi credano di essere intelligenti come lui".

Quanto si sono rivelate attuali queste parole, soprattutto negli Stati Uniti d'America dopo l'elezione del nuovo Presidente della Repubblica, contestata e culminata con l'assalto al Campidoglio di Washington da parte di una folla di "agitati" da "agitatori"!

Purtroppo anche in Italia, proprio in un periodo di grande difficoltà a motivo della pandemia di Covid-19, diversi politici e giornalisti hanno agito da "agitatori" anziché da collaboratori per il bene comune.

Alcuni sembrano in costante campagna elettorale.

Forse cresceranno nei sondaggi, ma non stanno rendendo un buon servizio alla comunità.

A mio modesto parere, diversi politici e giornalisti dovrebbero vergognarsi.

Ma ne sono capaci?

Comprendere le loro motivazioni non sempre è facile; come si può identificare chi è che lo "stupido", per riprendere la parola usata di Karl Kraus, lo fa per arte o per genetica?

Per questo motivo anche l'antica domanda: "Ma ci fai, o ci sei?" è oggi più attuale che mai!

Confidiamo che la ragionevolezza abbia infine il sopravvento, o che, quanto meno, gli italiani si rendano veramente conto con chi hanno a che fare, visto il prosperare dell'arte della menzogna.

Anche la criminalità organizzata con i suoi legami con la politica continua ad essere motivo di preoccupazione.

È giusto parlarne un po' di più ed in modo corretto, come gli stessi martiri causati dalla mafia imploravano a suo tempo, prima di essere assassinati.

Insomma, ci sono molte "perle" da raccogliere un po' ovunque e sulle quali riflettere...

Molte di queste sono tratte dalla Costituzione della Repubblica Italiana, autorevole fonte di saggezza, purtroppo spesso ignorata.

Altre anche dalle Sacre Scritture, spesso ignorate proprio dai religiosi.

Spero che questo volume 3 de' "I pensieri di Mau… Perle di saggezza raccolte insieme alle riflessioni di bisnonno Maurizio", passatempo di un pensionato d'età avanzata, possa interessare, far riflettere e, forse, anche divertire i lettori.

Un caro saluto a tutti da
Bisnonno Maurizio

Rassegnatevi, sono un cane da guardia, non da riporto

"Chi di voi vorrà fare il giornalista, si ricordi di scegliere il proprio padrone: il lettore" (Indro Montanelli, giornalista e scrittore).

Parte Prima
POLITICA

ONORE è una di quelle parole che gli 'ndranghetisti, i mafiosi e i camorristi hanno sottratto al vocabolario degli onesti" (Nicola Gratteri, magistrato e saggista italiano, dal 2016 Procuratore della Repubblica di Catanzaro).

Nella criminalità organizzata l'espressione "uomini d'onore" è stata ed è largamente utilizzata.

Il dizionario linguistico Treccani definisce ONORE "Qualità di persona che possiede, o alla quale sono riconosciuti, principi apprezzati dalla società e che conferiscono stima e ottengono rispetto".

Che dire?

Se pensiamo a quanti politici sono definiti "onorevoli" pur essendo pessime persone e quanti loro "amici" (spesso occulti) sono definiti "uomini d'onore", (cioè "onesti" criminali), benché responsabili di stragi al tritolo e di omicidi anche di donne e bambini, non c'è alcun dubbio che questa parola sia stata indebitamente sottratta "al vocabolario degli onesti".

"E io stesso tornai a vedere tutti gli atti di oppressione che si compiono sotto il sole, ed ecco, le lacrime di quelli che erano oppressi, ma non avevano confortatore; e dalla parte dei loro oppressori c'era il potere, così che non avevano confortatore" (Salomone, terzo re d'Israele, in Ecclesiaste capitolo 4 verso 2).

"Le istituzioni mi hanno dimenticato, come la magistratura dopo il processo. Le forze politiche non mi hanno mai appoggiato" (Ornella Piredda, ex funzionario del consiglio regionale della Sardegna).

La testimonianza "perla" di Salomone ben si abbina alla testimonianza "perla" relativa all'esperienza vissuta da Ornella Piredda.

Riporto la seguente esperienza riassunta da un'intervista che ritengo attendibile di Andrea Sparaciari, pubblicata su "Il fatto quotidiano".

Grazie a Ornella Piredda l'Italia ha scoperto centinaia di consiglieri regionali che depredavano le pubbliche casse.

Un fiume di denaro che confluiva nelle tasche dei politici senza alcun tipo di obiezione.

Finché Ornella non ha portato alla luce ciò che accadeva da lungo tempo nella regione Sardegna, dove i consiglieri intascavano senza rendicontare e, non sazi, ricevevano ulteriori 2.700 euro mensili ciascuno a copertura di spese extra.

Il tutto andava ad aggiungersi ai 15.000 euro mensili del loro compenso di consiglieri.

Solo in Sardegna finirono indagati 120 consiglieri, ma data la lungaggine dei procedimenti, solo una ventina di ex consiglieri sono stati finora condannati a pene dai due ai sei anni.

La testimonianza di Ornella è stata fondamentale.

Purtroppo, come spesso accade, il coraggio nel denunciare l'illegalità produce conseguenze dolorose.

In questo caso ha prodotto mobbing sul lavoro, demansionamento, infine l'ostracismo.

Che dire poi dei politici?

"Masticata e sputata" dai presunti amici e, ovviamente, osteggiata dai politici amici dei "ladroni".

(Conviene votare Alì Babà, che di ladroni ne aveva solo 40, n.d.r.).

La ferita maggiore per Ornella è vedere la persona che più l'ha vessata quando era in Regione, giudicata infine colpevole di peculato nei tre gradi di giudizio, girare libera per strada, senza avere mai pagato per quanto fatto.

"Da sempre hanno nel loro DNA la ricerca esasperata del contatto con il potere e con il potere politico. **Senza una seria lotta alla mafia e alla corruzione noi rischiamo di vivere in una democrazia apparente e rischiamo di accettare per sempre che la Costituzione non venga applicata".** **"Su lotta a mafia e corruzione un silenzio assordante della politica"** (Nino Di Matteo, magistrato e PM antimafia, sotto scorta perché minacciato dalla mafia).

Dopo un breve periodo di speranza durante i governi Conte, il sistema politico si sta nuovamente avviando verso l'adempimento dei timori di Nino Di Matteo.

Grande determinazione a perpetrare le ingiustizie sociali, a premiare i "geniali ladroni" ed a ripristinare un sistema che favorisce corrotti e corruttori.

"L'Italia è una Repubblica democratica fondata sul lavoro.

La sovranità appartiene al popolo che la esercita nelle forme e nei limiti della costituzione" (Costituzione della Repubblica Italiana, in vigore dall' 1/01/1948, articolo 1).

La parola democrazia deriva da due parole greche antiche, "dèmos" (popolo) e "kratos" (governo).

Pertanto "democrazia" significa etimologicamente "governo del popolo", ovvero, sistema di governo nel quale la sovranità è esercitata, direttamente o indirettamente, dal popolo.

Questo è quanto afferma senza ombra di dubbio l'articolo 1 della Costituzione Italiana.

Dall' 1/01/1948 ad oggi, maggio/2021, sono trascorsi oltre 73 anni.

In tutti questi anni, quante volte il sistema politico italiano ha onorato l'articolo 1 della Costituzione Italiana? Quante volte, invece, lo ha tradito?

La mafia c'entra in tutto questo?

Per rispondere a queste domande un libro non basterebbe, ci vorrebbe un'enciclopedia.

Già un'epitome riempirebbe molte pagine.

Mi limito, pertanto, ad elencare i nomi di alcuni personaggi politici particolarmente noti degli ultimi

*50 anni, lasciando al lettore l'onere di fare **accurate ed imparziali ricerche e riflessioni al riguardo** (lascio al lettore un piccolo spazio per una definizione sintetica, mettendoci anche la mia):*

Andreotti Giulio; *molti segreti ancora da svelare.*

Cossiga Francesco; *non tutti sanno assolvere pienamente la responsabilità derivante dall'essere presidente della repubblica.*

Ci aspettavamo qualcosa di meglio soprattutto nella lotta alla corruzione e alla mafia.

Craxi Bettino; *esilio, latitanza o splendida vacanza?*

Con la ricchezza che ha accumulato grazie alla politica, penso più la terza che ho scritto, ed escludo la prima.

Dell'Utri Marcello; *Ministro di "culto" nel matrimonio tra politica e mafia, con molti testimoni, muti...o morti.*

Berlusconi Silvio; *come il padre della sposa nei "Matrimoni": mette i "piccioli" (soldi in dialetto siciliano) e Paga un po' tutti: sa come investire bene!*

Conosce tanti sotterfugi, ma una cosa non conosce…La vergogna, soprattutto con le minorenni orfane.   Altro che papino!

Previdi Cesare; *degno legale del suo padrone.*

Schifani Renato; *deludente il suo impegno nella lotta alla mafia e alla corruzione.*

Formigoni Roberto; *ma come fa a dormire la notte?*
Molti suoi amici l'esame di Coscienza non lo passano neanche copiando.

Alfano Angelino; *difficile trovare un Lodo meno "Lodevole" del suo.*

D'Alema Massimo; l'essenza della politica. Quella per la quale quando a qualcuno dai del politico si offende.

Comunque c'è di peggio in Parlamento...

Napolitano Giorgio; Fulgido esempio di regal dittatura.

Ma la monarchia, in Italia, non aveva perso il referendum del dopoguerra?

Applicazione pratica del detto: "Tra cani non si mordono".

La regina d'Inghilterra Elisabetta con il defunto principe consorte Filippo.

Hanno molto più rispetto loro per i propri sudditi di quanto ne abbiano mostrato per gli italiani tanti "regali" Presidenti della repubblica e Presidenti del consiglio dei ministri.

Monti Mario e il suo governo; *la pancia piena fatica a capire la pancia vuota. Molto più facile togliere ai poveri per dare ai ricchi che viceversa.*

I poveri non hanno potere, i ricchi ne hanno anche troppo!

Bossi Umberto; *strepitoso! Rubare e imbrogliare al grido di "Roma ladrona!" I Farisei gli fanno un baffo...*

Salvini Matteo; *idem come sopra, con l'aggravante della sindrome di Giuda Iscariota. Compreso il "suicidio" politico. Meno male che ha un buon dialogo con la Madonna...*

(Non sarebbe meglio un bravo psicologo?)

Renzi Matteo; stessa sindrome dell'omonimo. Aspettiamo di vedere quale metodo userà per il suo suicidio politico definitivo.   Nel frattempo, guardatevi le spalle se c'è lui nei paraggi.

E...

 tutti gli altri che vi verranno in mente nel corso della vostra ricerca, immagino che non saranno pochi.

Buon lavoro!

(Spero di non dover aggiungere alla lista **Draghi Mario e il suo governo,** sembrano molto più interessati ad accontentare i ricchi che ad aiutare chi è in difficoltà. Speriamo bene).

Ditemi tutto, anche "Botolo" e "Cagnaccio", ma se mi date del politico, mi offendo!

"La Repubblica riconosce e garantisce i diritti inviolabili dell'uomo, sia come singolo sia nella formazione sociale ove si svolge la sua personalità, e richiede l'adempimento dei doveri inderogabili di solidarietà politica, economica e sociale" (Costituzione della Repubblica Italiana, articolo 2).

In sintesi: **"diritti"** *e* **"doveri"**.

Una sintesi doverosa e per nulla scontata nei fatti e nei comportamenti.

L'esempio pessimo di molti esponenti della classe politica spinge tante persone a concentrarsi sui propri diritti, o presunti tali, trascurando, anche in modo sconsiderato, i propri doveri.

Il narcisismo dilaga...

Non pochi degli oltre 125.000 morti finora in Italia, dovuti alla pandemia Covid-19, sono stati causati dai presunti "diritti" alla "libertà" di disubbidire ai Decreti del Presidente del Consiglio.

Disubbidienza manifestata con il rifiuto di indossare le mascherine protettive, di rispettare le distanze di sicurezza, di evitare gli assembramenti e così via.

A questo si aggiunga la disonestà di alcuni responsabili delle regioni che hanno manipolato i dati regionali, relativi ai contagiati ed ai morti di covid-19, per evitare misure più restrittive.

Con il loro comportamento ci hanno detto, in pratica, che i soldi sono per loro più importanti della vita delle persone, particolarmente delle persone più anziane e fragili.

*Nel fare questo hanno trascurato in modo irresponsabile di adempiere i propri "doveri INDEROGABILI **di solidarietà** politica, economica e SOCIALE" imposti dalla Costituzione Italiana.*

In molti casi non si tratta di semplici errori di valutazione.

*La maggioranza di noi a gennaio/febbraio 2020 pensava che si trattasse di una normale influenza un po' più virulenta, **ma abbiamo cambiato parere rapidamente**!*

Purtroppo, molti non hanno cambiato atteggiamento neanche davanti all'evidenza.

Sono indignato, lo ammetto, per il comportamento di politici, primari ospedalieri politicizzati e industriali che hanno fomentato questo con le loro dichiarazioni sconsiderate mettendo il loro interessi personali, economici e di partito al di sopra degli interessi e della salute dei cittadini.

Ancor più mi indigna il fatto che, in modo ipocrita e indecente, vogliono far credere che si interessano del bene delle persone... e molti ci credono pure!

Non solo, attaccano spietatamente coloro che, al governo, hanno agito con prudenza, limitando i danni della pandemia.

I loro discorsi e le loro argomentazioni sprizzano calore e sentimento, a volte anche violenza verbale, che fa sempre un certo effetto, ma sono grandemente fuorvianti, perché invece di esporre i fatti in modo onesto e imparziale mirano esclusivamente ad accrescere i propri consensi.

Nel far questo manifestano una loro grande fiducia: la memoria delle popolazioni è scarsa e facilmente condizionabile.

Fino a quando gli andrà bene?

Per esempio, come reagiscono questi politici contestatori e istigatori all'idea di una piccola tassa alle persone più ricche che permetterebbe un notevole ristoro per le categorie lavorative più in sofferenza?

Non sono proprio loro, questi "urlatori di regime", i principali oppositori?

"Tanto va la gatta al lardo, che ci lascia lo zampino" (detto popolare).

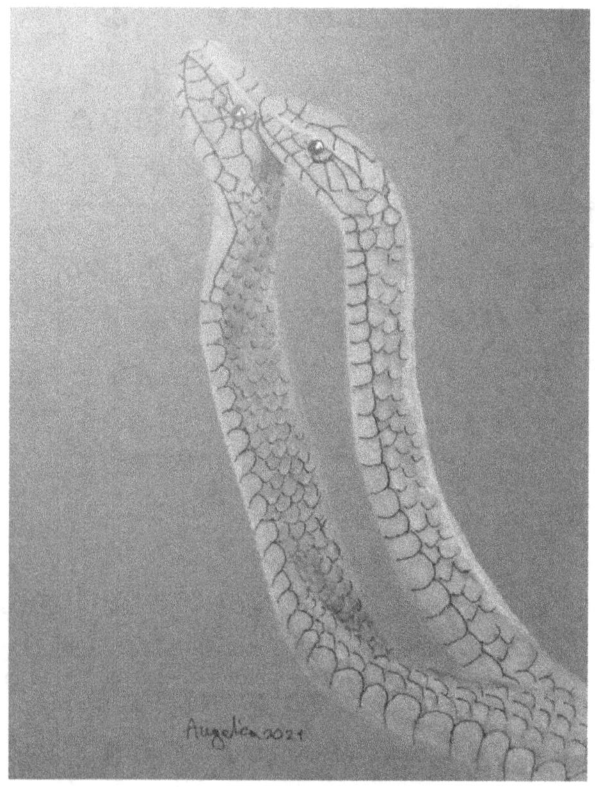

Acquerello di Rita Angelica

"Tutti i cittadini hanno pari dignità sociale e sono eguali davanti alla legge, senza distinzione di sesso, di razza, di lingua, di religione, di opinioni politiche, di condizioni personali e sociali. È compito della Repubblica rimuovere gli ostacoli di ordine economico e sociale, che, limitando di fatto la libertà e l'eguaglianza dei cittadini, impediscono il pieno sviluppo della persona umana e l'effettiva partecipazione di tutti i

lavoratori all'organizzazione politica, economica e sociale del Paese" (art.3 Costituzione della R.I.).

"Tutti gli esseri umani nascono liberi ed eguali in dignità e diritti. Essi sono dotati di ragione e di coscienza e devono agire gli uni verso gli altri in spirito di fratellanza" (DICHIARAZIONE UNIVERSALE DEI DIRITTI UMANI, adottata dall'Assemblea Generale delle Nazioni Unite il 10 dicembre 1948, Articolo 1).

Sempre più spesso siamo testimoni, anche disgustati, di comportamenti che calpestano la Costituzione Italiana e il Diritto Internazionale.

A far questo non sono solo isolati estremisti neo fascisti o neo nazisti o neo stalinisti, ma sono personaggi eletti nel nostro Paese in incarichi di una certa responsabilità politica a livello nazionale o locale, sostenuti o non denunciati da gran parte degli organi d'informazione.

Dichiarazioni che lasciano intendere una pretesa superiorità degli abitanti di una Regione rispetto ad un'altra; favoritismi a livello locale volti a discriminare e danneggiare degli stranieri bisognosi; comportamenti privi di misericordia verso bisognosi costretti a vivere all'aperto; dichiarazioni "sovraniste", che di fatto sono razziste, fatte da politici chiaramente esaltati; scambio di sostegno, a volte occulto, a volte palese, con esponenti della criminalità organizzata; attacchi spietati contro chiunque voglia fare qualcosa di buono e onesto e limitare la disonestà, arrivando anche ad azioni giudiziarie temerarie sentendosi protetti dalla loro ricchezza e dai loro amici potenti...

Quello che preoccupa è la scarsa sensibilità di molti e l'ampio supporto popolare, sia in Italia che in Europa, che certe ideologie riescono ad ottenere.

Le vicende storiche dell'ultimo secolo non sono state sufficienti?   sono già state dimenticate?

Volete sperimentarle anche voi della nuova generazione?

"Il saggio impara dalle esperienze altrui. L'intelligente impara almeno dalle proprie esperienze.   Lo stolto non impara, né dalle esperienze altrui, né dalle proprie" (Bisnonno Maurizio e tanti altri).

"Ora, nel 2018, per una mirabile coincidenza festeggiamo insieme con i settant'anni della Dichiarazione anche il settantesimo anniversario dell'entrata in vigore della nostra *Costituzione* repubblicana...

La genesi stessa di queste carte e dichiarazioni conferma come dopo il dramma della seconda guerra mondiale, dopo la tragedia della Shoah, dopo due regimi totalitari come il fascismo e il nazismo, colpevoli di genocidio, e mentre ancora vaste aree del mondo vivevano sotto regimi dittatoriali e repressivi, si sentiva ovunque la necessità di una svolta.   Alla metà circa del terribile novecento, "age of extremes", il genere umano come tale iniziò ad avvertire in maniera sempre più impellente e diffuso il bisogno di darsi regole e valori condivisi, di definire un *idem* sentire valoriale sostenuto da istituzioni in grado di garantire un futuro di pace e sviluppo ai popoli della terra…La *Dichiarazione*…Riuscì a fungere sin da subito da centro valoriale e giuridico di ampia raggiera di convenzioni internazionali (contro la discriminazione razziale e nei riguardi delle donne, contro la tortura, per i diritti dei bambini, ma anche dei lavoratori migranti e delle loro famiglie, delle persone diversamente abili ecc.). Ne risultò appunto un sistema ampio di diritti e valori che ricomprendeva i più diversi ambiti in cui si svolge la personalità umana: dalla società alla famiglia, alla politica, all'economia…**Per la prima volta esplicitamente IL VALORE DELLA DIGNITA' UMANA ERA POSTO AL DI SOPRA DELLA SOVRANITA' DEGLI STATI. LE PERSONE PRIMA DELLE ISTITUZIONI E QUESTE AL SERVIZIO DI QUELLE**" ("I diritti umani fra storia e futuro", prefazione alla "Dichiarazione Universale dei Diritti Umani", di **Liliana Segre**, Senatore a vita nominata nel 2018 dal Presidente della Repubblica Sergio Mattarella "Per aver illustrato la Patria con altissimi meriti nel campo sociale". Superstite dell'olocausto nazista).

La storia dell'umanità ci rivela che gli esseri umani progrediscono sotto ogni aspetto, ma soprattutto sotto l'aspetto morale e civile, come dimostra l'esistenza di una Dichiarazione Universale dei diritti umani.

Questo nonostante molte pessime influenze. Spesso ci sono alti e bassi, questo è innegabile, ma la strada sembra tracciata chiaramente.

Ogni essere umano ha la libertà e la responsabilità di decidere se contribuire, facendo la propria parte, a questo progresso, oppure rimanere inerte, o addirittura agire da ostacolo fomentando ideologie razziste e opponendosi, di fatto, al progresso morale e civile.

In ogni caso, come detto, "la strada sembra tracciata chiaramente", questo ci fa vedere comunque il futuro in modo positivo.

"Certamente lotteranno con le unghie e con i denti per abbattere il Governo ed arraffare i 209 miliardi del Recovery Fund e gli altri fondi europei. Come cani rabbiosi con la bava alla bocca e il coltello fra i denti, faranno di tutto con determinazione finché non ci riusciranno" (Bisnonno Maurizio e Mezza Italia).

Ci piace "vincere facile" nel profetizzare...

Non ci voleva molto a capire quello che sarebbe accaduto subito dopo l'insperato successo ottenuto in Europa dal Presidente del consiglio italiano Giuseppe Conte.

Alla fine i "famelici cani rabbiosi con la bava alla bocca" ci sono riusciti; governo caduto, nuovo Presidente del Consiglio dei Ministri, fondi saldamente nelle mani dei "soliti noti".

*L'unica speranza di limitare i danni, **non** sta nell'unico partito all'opposizione, saldamente legato a coloro che hanno gestito e "intascato" i fondi europei negli ultimi anni e votato leggi vergognose, ma a quella parte dei ministri al governo che avrebbero potuto tenere a bada i "soliti noti", se avessero potuto gestire i fondi europei.*

Potrebbero intervenire con una ferma opposizione interna al governo in sede di Consiglio dei ministri o con interrogazioni parlamentari e ferma opposizione a leggi inique, per impedire il "saccheggio" dei "soliti noti"?

Lo faranno, riuscendo a limitare le solite "ruberie legalizzate"?

Oppure mostreranno che "il potere corrompe" anche loro?

Vedremo…

"**Quando l'ingiustizia diventa legge, la resistenza diventa dovere**" (Berthold Friedrich Brecht, drammaturgo, poeta, regista teatrale e saggista tedesco).

"In Italia si riesce a mandare in prescrizione o a depenalizzare quasi ogni reato legato alla corruzione, mentre i politici corrotti continuano a dominare la scena politica sia che vincano o perdano le elezioni" (Bisnonno Maurizio, da "I Pensieri di Mau…" edizione riveduta e ampliata 2020).

Con la caduta del governo Conte 2 e con il nuovo governo c'è da chiedersi che fine faranno le leggi "spazza corrotti" e le leggi a beneficio delle classi sociali più deboli, come il Reddito di cittadinanza e quelle a tutela (vera) dell'ambiente.

Ancora una volta dei personaggi corrotti e corruttori continueranno a dominare la scena politica pur avendo perso le elezioni?

Non è un bel regalo per gli italiani, signor presidente!

(Oltre mille vittime delle mafie si stanno rivoltando nella tomba, tra questi anche Piersanti Mattarella…Chissà con quanta delusione e disprezzo quelle vittime guardano verso certi politici italiani che tollerano i corrotti e i collusi con la mafia in Parlamento).

"Li avete uccisi ma non vi siete accorti che **erano semi**" (Pierpaolo Farina, ideatore di WikiMafia).

*Anche se, da una parte, hanno condizionato dei politici e le Istituzioni, (mentre altri da tempo vi sguazzavano felici), dall'altra **le uccisioni della mafia hanno risvegliato le coscienze popolari,*** *soprattutto dalle stragi di Capaci e via D'Amelio in poi (stragi favorite da parte delle istituzioni).*

Prima di allora ancora molti italiani credevano che non esistesse la mafia o non sapevano cosa fosse.

Successivamente alcuni hanno "mangiato la foglia" riguardo alla collusione di alcune parti dello Stato con la criminalità organizzata.

La mafia, per anni sconosciuta, ha origine antiche.

*Il primo omicidio di mafia riconosciuto come tale ha avuto come vittima **Giuseppe Montalbano**, medico e patriota che aveva partecipato all'impresa dei Mille con Giuseppe Garibaldi.*

Fu ucciso a Santa Margherita di Belice, in provincia di Agrigento.

*L'ultima vittima è **Francesco Vangeli**, giovane calabrese di 26 anni ucciso dalla 'ndrangheta il 9 ottobre 2018.*

Alcune delle vittime delle mafie hanno avuto la cattiva sorte di trovarsi nel posto sbagliato al momento sbagliato...

Quello che fa ancor più inorridire è la spietatezza delle mafie nelle vendette trasversali.

*Non hanno risparmiato neanche le **donne, i minori e i bambini: 96 donne e 112 minori, di cui 77 bambini al di sotto di 14 anni** (ma il conteggio potrebbe essere incompleto).*

Ogni antico codice d'onore mafioso al riguardo è stato completamente ignorato.

Una strategia del terrore che doveva rafforzare il potere dei capi, ma che col tempo ha disgustato alcuni che conservavano un codice d'onore, spingendoli a collaborare con la giustizia.

Attacco al cuore della mafia

Il boss Tommaso Buscetta ha parlato: 366 mandati di cattura

La verità su 14 anni di delitti, da De Mauro a Dalla Chiesa

"L'avverto, signor giudice.   Dopo questo interrogatorio lei diventerà una celebrità.   Ma cercheranno di distruggerla fisicamente e professionalmente.   E con me faranno lo stesso. Non dimentichi che il conto che ha aperto con Cosa Nostra non si chiuderà mai.   È sempre del parere di interrogarmi?" (Tommaso Buscetta, primo grande collaboratore di giustizia nella lotta alla mafia corleonese).

Tommaso Buscetta sapeva bene come si era evoluta "Cosa Nostra", divenuta assolutamente priva di onorabilità, benché i suoi appartenenti continuassero a definirsi "uomini d'onore".

Nel 1981, resosi conto che le lotte di potere all'interno di Cosa Nostra avevano decretato la sua morte, fuggì in Brasile.

A quel punto sperimentò come quella organizzazione criminale non avesse assolutamente nulla di "onorevole".

Il 21 settembre 1982 sparirono due dei suoi figli, Antonio e Benni, sequestrati, torturati perché svelassero dove si nascondeva il padre, e uccisi.

Il 26 dicembre dello stesso anno fu ucciso il marito della figlia Felicia, Giuseppe, dentro la sua pizzeria.

Tre giorni dopo toccò al fratello di Tommaso, Vincenzo, e al nipote Benedetto, uccisi all'interno della vetreria di famiglia.

IL 6 Luglio 1984 Tommaso Buscetta comincio a svelare i segreti di Cosa Nostra.

Difficilmente l'avrebbe fatto se non avesse toccato con mano la depravata crudeltà della "nuova" mafia.

Il piccolo Santino Di Matteo, rapito e ucciso dalla mafia corleonese e disciolto nell'acido

Strage di Capaci (Palermo)

Strage di Capaci, le vittime: Giovanni Falcone, Francesca Morvillo, Vito Schifani, Rocco Dicillo, Antonio Montinaro

"La mafia è un fenomeno umano e come tutti i fenomeni umani ha un principio, avrà una sua evoluzione e avrà quindi anche una fine" (Giovanni Falcone).

Vittime della strage: Paolo Borsellino, Agostino Catalano, Emanuela Loi, Vincenzo Li Muli, Walter Eddie Cosina, Claudio Traina

Sempre avanti

Col coraggio nel dovere
Senza timore nella paura.

Sempre avanti.

Nonostante l'odio dei nemici
Nonostante l'indifferenza degli "amici",

Sempre avanti.

Negli scontri più intensi,

spossati dal duro lavoro,

sempre avanti.

quando si sono voltati

per vedere chi c'era con loro

non c'era nessuno!

Ma chi li ha uccisi

Non si è accorto che erano semi

già pronti a germogliare.

"Se lo Stato italiano volesse davvero sconfiggere la mafia, dovrebbe suicidarsi!" (Leonardo Sciascia, scrittore, giornalista, drammaturgo).

"La sicurezza del potere si fonda sull'insicurezza dei cittadini".

"A un certo punto della vita non è la speranza l'ultima a morire, ma il morire è l'ultima speranza".

Queste "perle" ESPRIMONO UNA CERTA DOSE DI DELUSIONE E SCETTICISMO NEI CONFRONTI DEL SISTEMA POLITICO ITALIANO, COMPRESO IL PARTITO POLITICO DI SUA MILITANZA; SENTIMENTI CONDIVISIBILI ANCHE OGGI.

"La Lega (partito politico italiano fondato da Umberto Bossi, attualmente guidato da Matteo Salvini, n.d.r.) è razzista" (**Cécile Kyenge**, ex Ministro per l'integrazione della repubblica italiana, governo Enrico Letta, nata a Kambove, Repubblica Democratica del Congo).

Perché una persona matura e intelligente come Cécile Kyenge ha fatto una dichiarazione così forte, che le ha attirato una querela da parte di un potente partito politico italiano?

La dichiarazione fu fatta nel 2014 durante un'intervista rilasciata al festival dell'unità tenuto a Fontevivo, in provincia di Parma.

Si riferiva a un fotomontaggio, chiaramente razzista, nel quale veniva accostata ad una scimmia, precisamente un orango.

L'artefice era il politico della Lega di Parma Fabio Ranieri, che fu querelato.

Cécile sostenne di essersi presentata all'udienza con un legale pagato di tasca propria, mentre il Ranieri era difeso dal legale del suo partito.

La sua conclusione, pertanto, fu che "La Lega è razzista", poiché condivide le idee razziste di Fabio Ranieri.

Di recente il tribunale di Piacenza ha assolto Cécile Kyange dall'accusa di diffamazione presentata dalla Lega nel 2014.

Ognuno tragga le proprie personali conclusioni.

"Tutti i cittadini hanno pari dignità sociale e **sono eguali davanti alla legge, senza distinzioni**" (Costituzione della Repubblica Italiana, articolo 3).

Essere "<u>eguali davanti alla legge senza distinzioni</u>", non riguarda solo i nostri diritti nei confronti degli altri ed i relativi doveri degli altri nei nostri confronti;

riguarda anche i nostri doveri nei confronti degli altri ed i relativi diritti degli altri nei nostri confronti.

Sembra che "lo spirito della legge" non sia molto chiaro, soprattutto per i "potenti".

Non pochi di loro sono pronti a sbraitare, circondati dai loro avvocati, a difesa dei loro presunti diritti, infischiandosene altamente dei diritti altrui ad avere una vera giustizia.

Mi vengono in mente le molte vittime (ed i loro parenti) causate dai ricchi e "potenti", responsabili di stragi per arricchire in fretta; quelli finiti sul lastrico o grandemente danneggiati dai "potenti" corrotti e corruttori, potenti che riescono a farla franca grazie a leggi fatte apposta per loro (come quella che dimezza i termini della prescrizione facendo in modo che quasi tutti i reati di corruzione finiscano prescritti).

Quello che ancor più addolora è che questo sfacciato disprezzo per lo "spirito" della Costituzione Italiana trova ampio sostegno nella grande maggioranza degli organi d'informazione, viscidi burattini dei loro "Padroni".

Alcuni giornalisti mi fanno anche un po' pena: è evidente che si rendono conto delle porcherie che i "Padroni" gli fanno scrivere o i fatti che non gli fanno scrivere quando deontologicamente sarebbero obbligati a farlo, ma sono impossibilitati a sottrarsi.

Immagino il loro ragionamento: "Se non facessi così perderei molti privilegi e il posto di lavoro, ed un altro al posto mio farebbe anche peggio".

Il coraggio non è molto diffuso nell'ambiente…

Basandosi sulla Costituzione, nelle aule dei Tribunali della Repubblica italiana è riportata in bella mostra la scritta: "La legge è uguale per tutti".

Quando però avviene che un tribunale, nell'attenersi allo "spirito" della Costituzione, fa soccombere in giudizio un politico ricco, potente e "protetto", certi organi d'informazione si scagliano con vigore contro i giudici che danno torto al loro "pupillo".

È accaduto nuovamente per quanto riguarda la citazione in giudizio civile di Silvio Berlusconi contro il giornalista Massimo Fini e contro il giornale per il quale scrive.

Il giudice civile di Roma, nel rigettare la citazione civile di S. Berlusconi nei confronti di Massimo Fini, chiarisce che nei 6 articoli dell'autore presi in esame "il giudizio è interamente frutto delle numerose vicende giudiziarie che hanno coinvolto" il citante in giudizio.

Lascia addolorati (per quanto, purtroppo, prevista) la faziosità di certi giornali che attaccano i giudici.

Nell'articolo di risposta del giornalista Massimo Fini ho colto diverse "perle" di saggezza che ho deciso di riportare fra le "perle" scelte in questo libro.

""IL Giornale" dedica un titolo di testa a tutta pagina per attaccare il Tribunale di Roma, e quindi anche me, per avermi assolto in una causa civile di diffamazione intentatami da Berlusconi. Ma come?

Or pochi giorni fa Il Giornale si scagliava giustamente contro lo sproloquio televisivo di Grillo, che ho condannato anch'io, intendendolo come un'intimidazione all'autonomia e all'indipendenza della Magistratura, tema a cui il

Giornale è stato sempre particolarmente sensibile visto che, da quando l'ha lasciato Montanelli, sotto la direzione prima di Feltri poi dello stesso Sallusti poi di Belpietro, non ha fatto altro che attaccarla. Il Giornale è uno strenuo difensore del principio di non colpevolezza fino a condanna definitiva, principio che io ho sempre difeso.

Ma nel mio caso tutto si capovolge. Per me vale una presunzione di colpevolezza anche se un tribunale mi ha dichiarato innocente.

Chi dirige un giornale sa bene quanto un giornalista sia esposto a un reato di diffamazione.

In genere *(il presunto diffamato, soprattutto se è un politico n.d.r.)* preferisce l'azione civile per danni, che non obbliga alla prova e che tende, più che a restituire l'onore al presunto diffamato, a scucire dei soldi al presunto diffamatore (*oltre che intimidirlo n.d.r.*).

E qui sorge un primo problema che metto all'attenzione di Sallusti, e non solo di lui. Anche un ladro del quale si è dimostrato che è tale può rivalersi nei miei confronti se l'ho chiamato ladro "in termini non continenti". Quali siano i "termini non continenti" è lasciato alla discrezionalità del giudice. Nel mio caso il giudice ha stabilito che, nonostante i termini graffianti da me usati, ciò che ho scritto non superasse i limiti del diritto di critica politica.

Ma qui arriviamo al "core", anzi all' "hardcore", di tutta la questione. **Come mai l'onorevole Berlusconi mi ha chiesto i danni solo perché io avrei usato termini "non continenti" e non per il contenuto dei miei scritti da cui partiva la mia critica che il Tribunale civile di Roma ha considerato legittima? Semplicemente perché**

non poteva. Ma qui bisogna fare un lungo passo indietro.

Nel 1994 il giornalista Giovanni Ruggeri pubblicava un libro intitolato "Gli affari del Presidente".

In una notte insonne misi la mano sul libro e mi colpì particolarmente il capitolo "Il grande imbroglio" dove Ruggeri denunciava, con una certa ricchezza di documenti e di argomenti, una truffa miliardaria che Berlusconi e Previdi avrebbero consumato ai danni della marchesina Anna Maria Casati-Stampa, minorenne, orfana di entrambi i genitori periti in circostanze tragiche.

Sbalordii. E il giorno dopo scrissi per "L'indipendente" un editoriale che diceva più o meno: "non posso credere a ciò che dice Ruggeri; non posso credere che il Presidente del Consiglio, Berlusconi, e il ministro della Difesa, Previti, si siano resi responsabili di una truffa del genere. Ma vorrei sapere se Berlusconi e Previti hanno querelato il Ruggeri altrimenti il cittadino è autorizzato a credere che quello che ha scritto Ruggeri corrisponda a verità. Sia Berlusconi che Previti rimasero silenti.

Ne scrissi un secondo dello stesso tenore, ma da Berlusconi e Previti continuò il silenzio.

Ne scrissi un terzo e Previti rispose con un fax in cui, giocando sui gerundi e i congiuntivi non si capiva se aveva o no querelato Ruggeri. Allora in un quarto articolo, spazientito, scrissi: "Onorevole Previti, lei deve dirci semplicemente se ha o non ha querelato Ruggeri".

A quel punto Previti (Berlusconi sempre prudentemente silente) querelò Ruggeri, me e "L'Espresso".

Si andò al processo. La corte di appello di Roma con sentenza del 2 maggio 2008 assolse Ruggeri, me e "L'Espresso" affermando che "L'articolo del Ruggeri, caratterizzato dalla correttezza espositiva e dall'utilità sociale dell'informazione per il ruolo pubblico dei personaggi interessati, si basava sulla sostanziale veridicità putativa dei fatti".

Dunque era sostanzialmente vero che Berlusconi e Previti, in combutta fra loro, avevano truffato una minorenne, orfana di entrambi i genitori.

Berlusconi, in genere così abile a evitare qualunque trappola, è stato imprudente ad agire oggi contro di me. Perché quella vergognosa infamia di cui si era reso responsabile **e che tutti, come al solito, avevano dimenticato**, ora torna a galla. Si può anche capire che un imprenditore, pur di salvare la propria azienda o di rafforzarla, faccia patti con il diavolo, corrompa la guardia di finanza, corrompa magistrati, tutte le cose di cui Berlusconi è stato accusato uscendone spesso indenne in via di prescrizione. Ma una truffa da strada, peraltro miliardaria, consumata ai danni di una minorenne, orfana di entrambi i genitori, approfittando della sua posizione inerme, è qualcosa che "va al di là del bene e del male" **sottolineando l'indegnità morale, prima ancora che penale,** di coloro che l'hanno consumata. Berlusconi, che ha sempre affermato di non attaccare mai personalmente le persone, disse di Di Pietro, peraltro dopo avergli offerto la posizione di ministro degli Interni: "Di Pietro è un uomo che mi fa orrore". Ebbene, per me e forse non solo per me, è Berlusconi "un uomo che fa orrore" …

Il problema (*di certi giornalisti nei miei confronti, n.d.r.*) **è che io sono la loro coscienza sporca**...

Non c'è macchia sul mio onore di giornalista libero. Non so quanti Sallusti e tutti i Sallusti possano dire lo stesso" (Massimo Fini, giornalista e saggista).

 "Quando potremo dire tutta la verità, non la ricorderemo più" (Leopoldo Longanesi, giornalista, editore, pittore, disegnatore e aforista italiano).

"Quando potremo dire" *tutta la* ***"verità"****: è un'espressione angosciante che getta un'ombra sinistra su tutti gli organi d'informazione e propaganda italiani.*

In effetti ci fa capire che la presunta libertà di stampa in Italia non c'era; ci sono cose IMPORTANTI che non si potevano dire negli anni '50-'70 del secolo scorso.

*Pertanto, in quell'ambiente dilagavano la corruzione e l'omertà; chi avesse voluto dire **tutta la verità** rischiava la propria carriera e il posto di lavoro, forse anche la propria incolumità fisica.*

È cambiato qualcosa nel frattempo?

Certamente molte delle "verità" che "non si potevano dire" nei primi 50-70 anni del '900 sono finite nel "dimenticatoio".

Per quanto riguarda i "metodi" dell'informazione pubblica negli ultimi 50 anni sembrano essere gli stessi, addirittura perfezionati in peggio.

(Anche se gli italiani sembra che si stiano svegliando un po'...).

La disonestà intellettuale è dilagante e la fiducia nella scarsa memoria degli italiani è immensa.

Esiste nel settore dell'informazione pubblica qualche "Cicerone" di buona memoria?

"Vedo che la stampa comunista insiste a scrivere che la rivolta di Budapest e poi la sua incredibile, sovrumana resistenza ai carri armati, sono state opera esclusiva dei fascisti, degli ex ufficiali di Horthy, dei latifondisti agrari, dei borghesi e degli aristocratici...I tre colleghi comunisti (*giornalisti inviati n.d.r.*) che erano a Budapest con noi hanno già detto nei loro articoli quello che **potevano** dire (*rivedi la "perla" di Longanesi a pag. 22, n.d.r.*), e quello che non potevano lo hanno taciuto.   Certi silenzi, in certi giornali, sono più eloquenti di certe parole...Per la prima volta in vita mia mi sono trovato a nutrire la stessa speranza che nutriva Mosca: quella di vedere un bel branco di baroni, di gentiluomini di campagna, di medici, di avvocati, di industriali, di scrittori, insomma di "borghesi" in piedi sulle barricate, in un gesto di sfida e di gratuito sacrificio contro i carri armati sovietici.   Sarebbe stata una gran consolazione, per la "Pravda", poter attribuire l'insurrezione a costoro.   Ma sarebbe stato anche un conforto per un "reazionario" come me...Purtroppo di questi esemplari umani, depositari della tradizione magiara, **non ce n'era**

nessuno, fra i patrioti che cadevano sotto la mitraglia e le cannonate delle autoblindo sovietiche...Ero persuaso che "il popolo in armi" fosse una figura retorica, che la "classe operaia" avesse per ideali soltanto il frigidaire e la televisione...ora, **di queste mie certezze non rimane in piedi nemmeno un frammento. L'Ungheria era ed è tuttora un popolo in armi, di cui gli operai e gli studenti, che son tutti figli di operai, costituiscono la truppa d'urto**" (Indro Montanelli, giornalista e scrittore, dal corriere della sera del **25/11/1956).**

Questo di Indro Montanelli è un notevole esempio di onestà intellettuale, in grande contrasto con la disonesta intellettuale che pervade l'ambiente politico e giornalistico italiano.

Questa onestà gli ha fatto perdere qualche amico, ma non la propria dignità.

Chiunque esercita questa importante professione dovrebbe sentirsi moralmente obbligato ad essere modello di onestà intellettuale, a prescindere dalle proprie personali convinzioni politiche o religiose.

"La stampa e la tv mi insegnano che ci sono giornalisti che non sanno scrivere né parlare. Alcuni di loro non sanno neanche leggere. Diversi di loro, semplicemente, **non vogliono** compiere il dovere che la professione impone loro riguardo a leggere, scrivere e parlare.

Meno male che ci sono anche quelli che **sanno** leggere, scrivere e parlare e **assolvono** la loro responsabilità di farlo adeguatamente!

Peccato che non siano tanti...Però stanno aumentando, speriamo nei tanti bravi e onesti giovani che crescono".

 (Bisnonno Maurizio e tanti altri).

È sconcertante sapere che l'Italia è ufficialmente posta molto in basso nella classifica mondiale relativa alla libertà di stampa.

Non si tratta di un errore di valutazione, è la triste realtà.

Da decenni vi è una sorta di "monopolio" dell'informazione pubblica alla quale pochi riescono a sottrarsi.

Meno male che c'è internet che, tra tanta abbondanza di informazioni spesso non attendibili, ci dà l'opportunità di avere notizie importanti spesso ignorate o inquinate da chi gestisce il "monopolio" dell'informazione pubblica.

Come disse il saggio re Salomone: "La capacità di pensare veglierà su di te" (Sacra Bibbia, Proverbi capitolo 2 verso 11).

Custodiamo la nostra capacità di pensare in modo da capire, nei limiti del possibile, chi dice la verità e chi mente.

"Penso che bisogna allenarsi ad addomesticare la paura. Sono perfettamente consapevole del rischio per la mia vita, ma la cosa importante è l'obiettivo: **cambiare il futuro della Calabria**. Non riuscirei a vivere altrove sapendo che sono andato via per codardia.

Mi piacerebbe molto andare al cinema, prendere il caffè al bar, andare in bicicletta e (soprattutto) in motocicletta, però c'è un obiettivo più alto, che può essere il riuscire a risolvere il dramma di un commerciante usurato, di chi subisce ogni mattina le vessazioni e gli sfottò del capomafia, risolvere il dramma dell'imprenditore agricolo che viene taglieggiato regolarmente, risolvere il dramma della vedova che subisce le vessazioni del mafiosetto del posto.

Non ha importanza rinunciare alla passeggiata al mare e ad altre cose piacevoli, rispetto alla gratificazione derivante dal risolvere questi drammi" (Nicola Gratteri, procuratore antimafia di Catanzaro).

Questi veri servitori dello Stato e degli italiani hanno grande bisogno dell'apprezzamento e del sostegno emotivo di tutti noi, benché possano anche fare errori di valutazione, essendo comunque esseri umani.

Al riguardo le strutture dello Stato sembrano divise.

Vi è una minoranza, ricca e potente, che rema contro la legalità, amplifica a dismisura gli errori dei magistrati onesti, corrompe giudici e componenti del CSM e complica il lavoro di persone come Davigo, Di Pietro, De Magistris, Di Matteo, Ingroia, Esposito e Nicola Gratteri, solo per citare i primi che mi vengono in mente.

Non ci sono dubbi sul fatto che molta ricchezza proveniente da ricchi politici è stata utilizzata in passato dalla mafia per sostenere la "manovalanza" locale e anche per procurarsi le enormi quantità di tritolo utilizzato nelle loro stragi.

Già solo questo è sufficiente a rendere disgustante certa classe politica, anche tutti i loro "amici" sparsi ovunque che sanno e coprono mentre "sparano" anche verbalmente contro la magistratura onesta.

(Quella disonesta, invece, se la tengono cara).

Ugualmente disgustanti sono gli organi d'informazione che vengono meno al loro dovere professionale tacendo o distorcendo la verità.

Non sbagliano semplicemente, cosa che sarebbe umana e comprensibile, mentono sapendo di mentire.

Possibile che non provino un po' di vergogna?

Da parte nostra, è arrivato il momento di fare da "scorta", secondo le nostre possibilità, per accentuare il sostegno a coloro che rischiano la vita per difendere la legalità.

Paolo Borsellino, ucciso dalla mafia insieme agli uomini della sua scorta, più volte disse che "bisogna parlare della mafia il più possibile" per ostacolarne l'attività.

Gli organi d'informazione italiani stanno, invece, quasi ignorando un avvenimento storico come il maxiprocesso alla 'ndrangheta che si tiene da gennaio nell'area bunker di Lamezia Terme.

Imputati in questo processo, "Rinascita-Scott", sono ben 355 affiliati alle cosche mafiose calabresi (numero che può variare).

Politici e giornalisti preferiscono parlare d'altro, benché la mafia sottragga allo Stato, quindi a tutti noi, circa 100 miliardi di euro ogni anno!

Altro che "ristori" a tutti quelli che ne hanno bisogno!

Da parte nostra, secondo le nostre possibilità, seguiamo l'esortazione di Paolo Borsellino: parliamone!

"Qualcuno ha fatto in tempo a fuggire, altri sono rimasti coinvolti. Purtroppo Willy è caduto a terra, colpito con calci e pugni e ci ha rimesso la pelle. **Spero che chi è coinvolto paghi per tutta la vita"** (Un testimone oculare dell'uccisione di Willy Monteiro Duarte, 21enne rimasto ucciso in una rissa a Colleferro in provincia di Roma).

Il povero Willy, oltretutto, si trovava lì per fare da paciere.

Quanto ha influito il colore della sua pelle sull'accanimento dei suoi aggressori?

Questa aggravante merita di essere presa in considerazione.

"Spero che chi è coinvolto paghi", ha detto un testimone oculare, rendendosi probabilmente portavoce di tutti noi.

In questa circostanza, anche grazie alle intercettazioni (così odiate da tanti potenti), quasi certamente tutti i responsabili pagheranno.

Mi vengono però in mente tanti potenti industriali e loro amici politici che riescono quasi sempre a farla franca.

Anche grazie alle leggi "su misura" che hanno dimezzato i termini della prescrizione.

Strage di Viareggio,32 vittime; parenti ulteriormente disperati: **grazie alla prescrizione** i responsabili scampano alla giustizia.

*Comunque la prescrizione non è un'assoluzione, non ci sono innocenti, **i colpevoli restano colpevoli. Semplicemente la fanno franca**. Per ora...*

"C'è un limite oltre il quale la sopportazione cessa di essere una virtù" (Socrate, filosofo greco ateniese).

Questo pensiero di Socrate non è da intendere come un'incitazione alla ribellione o alla rivoluzione.

I rivoluzionari, soprattutto quelli assetati di potere, non aspettano altro...

Piuttosto, fa appello al senso di giustizia per sé e per gli altri facendo valere le proprie ragioni in modo civile, ma fermo.

Per esempio, la lentezza della giustizia nel risarcire le vittime della tragedia causata dall'amianto

(Eternit), dal disastro ferroviario di Viareggio, dal disastro nell'acciaieria Thyssen, dal crollo del ponte Morandi, solo per citarne alcune, hanno superato il limite oltre il quale "la sopportazione cessa di essere virtù" e bisogna farsi "sentire", con forza.

"La confisca dei beni alla 'ndrangheta aiuta nella lotta, ma non basta. È necessario riformare il sistema processuale. Per farlo, però, è necessario avere la maggioranza dei consensi in Parlamento. **Non si può rivoluzionare il sistema processuale se non conviene al potere reale.** Alla camera e al senato non passerà mai se non c'è una chiara maggioranza che la propone" (Nicola Gratteri, procuratore antimafia di Catanzaro).

Quanto auspicato dal dottor Nicola Gratteri ha iniziato a verificarsi dopo le elezioni politiche del marzo 2018, dall'esito "rivoluzionario".

Con la nomina del dottor Alfonso Bonafede a ministro della giustizia ha avuto inizio una epocale riforma della giustizia comprendente anche il sistema processuale, con leggi definite "spazza corrotti" senza precedenti.

Un bell'inizio, anche se con ovvia necessità di perfezionamenti.

Naturalmente il ministro Bonafede ha attirato su di sé l'ira del "potere reale" e di tutti i suoi rappresentanti nonché degli organi d'informazione sul libro paga dei politici e degli industriali corrotti e corruttori.

La caduta del Governo Conte 2 e l'avvento del nuovo governo Draghi ha portato al cambiamento del ministro della giustizia e all'entrata al governo di buona parte dell'opposizione bocciata alle elezioni del 2018.

Da allora l'assordante richiesta di "discontinuità" del nuovo governo rispetto al precedente, non è altro che il tentativo di eliminare la legge Bonafede "blocca prescrizioni", tanto odiata soprattutto da chi grazie alla prescrizione vuole continuare ad evitare le conseguenze delle proprie azioni illegali.

In certi ambienti le persone oneste non sono molto amate...

"Ho visto servitori andare a cavallo e principi andare a piedi come servitori" (Sacra Bibbia, Ecclesiaste capitolo 10 verso 7).

Qui gli appellativi "servitore" e "principe" non vanno intesi in senso letterale.

Stanno piuttosto ad indicare dei diversi livelli di nobiltà morale e una paradossale inversione di ruoli tra chi merita una posizione onorevole di governo e chi non la merita.

Oggi è usata molto l'espressione "meritocrazia", cioè "governo/direttiva dei meritevoli".

Se ne parla molto, ma si applica poco; questo spesso con conseguenze tragiche.

Mi viene in mente la "meritocrazia" al contrario della regione Lombardia e le tragiche conseguenze sul sistema sanitario in tempo di pandemia covid-19.

Fosse stato solo un danno economico, poteva sopportarsi, i "furbacchioni" avidi abbondano un po' ovunque, ma in questo caso i tanti "servitori" a cavallo, al posto dei "principi" lasciati "a piedi", hanno causato il **moltiplicarsi dei morti nelle condizioni più tristi.**

Questo è insopportabile, specialmente per i parenti delle vittime.

Gli esempi di "servitori a cavallo" sono innumerevoli, così come quello di "principi" disarcionati arbitrariamente.

In molti ambienti sembra evidente che **per fare carriera** *è necessario essere collusi con la criminalità organizzata oppure sostenere e coprire i collusi, con omertoso stile mafioso.*

Quanti sfacciati intoccabili ci sono in Italia...

"L'importante non è stabilire se uno ha paura o meno, è saper convivere con la propria paura e non farsi condizionare dalla stessa. Ecco il coraggio, il coraggio è questo. Altrimenti non è più coraggio, ma incoscienza" (Giovanni Falcone, vittima della mafia insieme alla moglie e agli agenti della scorta).

Nel riflettere su queste parole di Giovanni Falcone sul coraggio, non posso fare a meno di metterle in relazione con i tanti personaggi privi di coraggio nell'ambiente politico, giornalistico e dell'alta finanza.

Personaggi che, codardamente, fanno dell'omertà di stampo mafioso e della menzogna il loro stile di vita; come pure dell'"incoscienza", poiché sentendosi intoccabili, insultano e calunniano pesantemente coloro che considerano loro nemici per il fatto che sostengono la verità a loro scomoda, fino ad arrivare alla lite giudiziaria temeraria.

Spero che gli venga presentato il "conto" sia per la strafottente incoscienza, magari con qualche querela e relativi risarcimenti da pagare, sia per la codardia, per la quale subiranno, al più tardi, "L'ardua sentenza" dei posteri. Anche se Giovanni Falcone è morto, altri uomini coraggiosi stanno proseguendo il suo lavoro di lotta alla mafia e alla corruzione.

Non facciamoli sentire soli!

Soprattutto, chi "sa" parli, rompendo il muro dell'omertà.

Ma presto!

Non aspettando dieci, quindici, venti o trenta anni, come hanno fatto alcuni.

(Comunque, "meglio tardi che mai").

"Ci sono giornalisti specializzati nel montare falsi scandali per occultare quelli veri" (Marco Travaglio, giornalista e scrittore).

Elencare i falsi scandali montati ad arte dalla stampa nell'ultimo trentennio sarebbe un lavoro immane, a cominciare dalle 56 presunte case di Antonio Di Pietro, l'odiato magistrato di "Mani Pulite".

Nello stesso periodo di scandali veri e grossi ce ne erano tanti a livello politico e finanziario, abilmente occultati o sminuiti quando impossibili da occultare.

Tanto c'erano i falsi scandali montati ad arte per riempire le pagine dei giornali...

Di recente un altro paio di scandali montati ad arte hanno attratto la mia attenzione.

Uno ha avuto come bersaglio il giornalista e scrittore Andrea Scanzi, accusato con grande vigore di essere un avido ed egoista ladro di vaccini, per essersi vaccinato in giovane età quando in molte località degli ultra ottantenni fanno la fila.

Dal momento che certe notizie "clamorose" vengono diffuse con rapidità (e, ovviamente, senza verifica) quasi tutti i più noti giornali ne hanno parlato, con l'aggiunta di qualche insulto secondo la fantasia del redattore.

Incuriosito ho fatto la mia verifica.

Risultato?

Il dottor Scanzi ha semplicemente recepito l'appello governativo ad evitare lo spreco dei preziosi vaccini, **avanzati giornalmente e quindi eliminati**, prenotandosi per farsi somministrare uno di questi "avanzi" giornalieri.

Facendo questo, oltretutto, ha contribuito ad incoraggiare coloro che avevano pregiudizi a motivo della demonizzazione del vaccino AstraZeneca per presunti gravi effetti collaterali.

Se proprio erano così ingolositi dalla clamorosa notizia, potevano limitarsi a titolare, in rima, "Scanzi accetta gli avanzi", senza calunniare nessuno.

Magari incoraggiando anche altri a fare come "Scanzi che accetta gli avanzi" per evitare sprechi.

Un altro scandalo montato ad arte riguarda il dottor Nicola Morra, presidente della commissione antimafia e collaboratore del dottor Gratteri.

Molti giornali appartenenti al famoso "Partito Preso", che danno solo notizie a senso unico, l'hanno accusato di grave abuso di potere per interessi personali a causa di un suo intervento al centro vaccini "Massimo Gremellini" di Cosenza.

Premesso che l'intervento era doveroso, essendo parte dell'attività lavorativa del dottor Morra, il sospetto che i gravi disservizi denunciati nelle ASL calabresi fossero dovuti a infiltrazioni mafiose era tutt'altro che campato in aria, come è stato dimostrato dai successivi numerosi arresti per infiltrazioni mafiose nella Azienda Sanitaria di Reggio Calabria: 13 arresti tra medici e dirigenti legati alla 'Ndrangheta (tanto per cominciare).

*Ciò che, comunque, è considerato più grave dal comandante del Ros è che l'indagine non solo ha portato alla luce il controllo delle forniture delle strutture sanitarie da parte delle cosche mafiose, ma anche che **gli indagati si sono attivati per uno scambio elettorale politico-mafioso con esponenti della politica regionale e nazionale.***

Una storia che, a quanto pare, continua a ripetersi.

Buono a sapersi, speriamo che i futuri elettori ne tengano conto...

E che tengano conto anche dell'operato dei giornali, tanti giornali, che attaccando spietatamente il dottor Morra hanno di fatto collaborato con la criminalità organizzata!

"Oste", stai preparando il conto da pagare?

"Non ha niente addosso! C'è un bambino che dice che non ha niente addosso!" Gridava alla fine tutta la gente. E l'imperatore rabbrividì perché sapeva che avevano ragione, *ma pensò: "Ormai devo restare fino alla fine"* ... E così si raddrizzò ancora più fiero **e i ciambellani lo seguirono reggendo lo strascico che non c'era**" (Hans Christian Andersen, nella conclusione della fiaba "I vestiti nuovi dell'imperatore").

Sintetizzo in breve questa nota fiaba di Hans Christian Andersen, scrittore e poeta danese, noto soprattutto per le sue fiabe.

Un imperatore, decisamente vanitoso, amava spendere grandissime somme di denaro in vestiti.

Sfoggiare i suoi bellissimi vestiti era la cosa più importante per lui.

Di lui si diceva che era sempre nello spogliatoio per cambiarsi gli abiti secondo le varie circostanze.

Un giorno nella grande città arrivarono due impostori che approfittarono furbescamente della debolezza del re.

Spacciandosi per tessitori, sostennero di poter tessere la stoffa più bella che mai si potesse immaginare.

*Non solo, **i vestiti** che si facevano con quella stoffa, **avevano lo strano potere di diventare invisibili agli uomini che non erano all'altezza della loro carica e a quelli molto stupidi!***

*La cosa fu nota in tutto il reame, con il risultato che, benché **nessuno** ovviamente vedesse l'inesistente* *abito dell'imperatore,* **tutti facevano finta di vederlo e ammirarlo!**

Questo fino all'epilogo finale, "perla" di Hans Christian Andersen.

Quanta gente oggi adula il proprio "imperatore" di turno, facendo finta di vedere un meraviglioso abito invisibile per non apparire stupida!

Facendo una piccola ricerca biblica ho scoperto che la nudità è messa spesso in relazione con la mancanza di valori morali o spirituali.

Per esempio, chi manca di amore, pace, pazienza, benignità, mitezza, autocontrollo e onestà è simbolicamente "nudo".

Non pochi sfoggiano un "abito" che non hanno; alla fine, come l'imperatore della fiaba, qualcuno fa loro capire che sono "nudi", ma loro continuano ad andare impettiti, mentre "I ciambellani li seguono reggendo uno strascico che non c'è".

"Ma mi faccia il piacere!" (Espressione resa celebre da Antonio De Curtis, detto "Totò").

Possiamo giustamente definire una "perla" questo modo ironico di definire, in sole 5 parole, paradossi, incoerenze, "bufale", pretese assurde e così via.

Come esempio, inizio da una delle ultime affermazioni meritevoli di tale risposta, quella del ministro dell'interno del governo Conte 1 inviato a processo per i fatti riguardanti l'imbarcazione "Open Arms:

"Ho agito per difendere la nazione!"

"Ho difeso la Patria!"

"Ho protetto il Suolo Nazionale!"

Cosa è accaduto?

C'erano dei missili nucleari nascosti nella stiva di qualche nave?

Un attacco chimico batteriologico, orchestrato tramite medium spiritici da Saddam Hussein?

Oppure, più semplicemente, un assalto armato con mitraglie e cannoni alla costa italiana, respinto con l'ausilio delle forze armate?

Niente di tutto questo!

L'ex Ministro dell'interno del governo Conte 1 è stato accusato e inviato a processo per SEQUESTRO DI PERSONA dei "pericolosissimi" naufraghi soccorsi in mare dall'equipaggio dell'imbarcazione "Open Arms", ormai allo stremo dopo troppo tempo trascorso in mare.

Avevano estremo bisogno di assistenza medica ed igienica, che gli fu negata arbitrariamente e per molti giorni dall'allora Ministro degli interni.

Nel comportamento dell'ex ministro si è ravvisato anche l'abuso di potere, avendo egli agito in totale autonomia e senza autorizzazione governativa.

(Differente era stato il caso dell'imbarcazione "Diciotti", dove si agì con azione di governo e lecitamente, senza violare alcuna legge internazionale, e portando al definitivo riconoscimento da parte dell'unione Europea che "Chi arriva in Italia, arriva in Europa").

Difesa della Nazione, quindi? Della Patria? Del suolo nazionale?

"Ma mi faccia il piacere!" Signor ex Ministro!

Antonio De Curtis, in arte Totò
Celebre la sua espressione:
"Onorevole lei? Ma mi faccia il piacere!"

Un'altra perla costituzionale ad ulteriore
chiarimento sul tema:

"Lo straniero al quale sia impedito nel suo paese l'effettivo esercizio delle libertà democratiche garantite dalla Costituzione italiana, **ha diritto di asilo** nel territorio della Repubblica, secondo le condizioni stabilite dalla legge" (Costituzione della Repubblica Italiana, articolo 10 comma 3).

Questa parte della Costituzione Italiana sembra essere ignota a molti…

Acquerello di Rita Angelica

L'illustrazione rende l'idea dell'asilo concesso senza pregiudizio razziale

Sempre restando in tema: "Ma mi faccia il piacere!"

Che dire dell'esultante proclama in diretta tv dell'inviata del TG2 al senato il 30 luglio 2020?

"Non è stata concessa dal Senato l'autorizzazione a procedere al processo!   141 si contro 149 no. Matteo Salvini non andrà a processo!"

Grande entusiasmo, calore e sentimento per dire...Il contrario di quanto realmente votato in Senato!

"Ma mi faccia il piacere!"   "Signor" TG2!

Il problema serio delle false notizie è che "una bugia fa in tempo a viaggiare per mezzo mondo mentre la verità si sta ancora allacciando le scarpe".

"Il giornalista ha l'obbligo di essere il cane da guardia del potere, non il cane da riporto" (Indro Montanelli).

La brutta piaga denunciata da Indro Montanelli è molto lontana dall'essere sanata.

Nell'informazione italiana, i "cani da riporto" superano di gran lunga i "cani da guardia" che dovrebbero denunciare la disonesta e gli abusi dei potenti.

Acquerello di Rita Angelica

Cane da guardia o da riporto?

"Il segreto, dunque, non è mentire un po'. Il segreto è mentire sempre, spudoratamente, ventiquattr'ore su ventiquattro. Le bugie, in questa Italia, sono come i debiti: chi ne fa pochi è rovinato, chi ne fa tanti è salvo" (Marco Travaglio, giornalista e scrittore).

Sono trascorsi quindici anni da questa analisi deprimente ma realistica del livello di onestà intellettuale della classe politica e di gran parte della pubblica informazione.

La pratica della menzogna ad oltranza continua ad essere molto diffusa, così come la fiducia dei politici e dei giornalisti nella scarsa memoria degli italiani.

Spero ardentemente e sadicamente che questa loro fiducia, stavolta, sia malriposta.

"Chi è ricco e famoso non può permettersi di calpestare il prossimo" (Alex Marini, consigliere della provincia di Trento).

Perché Alex Marini ha fatto questa affermazione, indubbia "perla" di saggezza?

In occasione della nomina del critico d'arte Vittorio Sgarbi al Museo d'Arte Moderna e Contemporanea, aveva ricordato l'assenteismo del dottor Sgarbi alla Soprintendenza di Venezia e la sua condanna per truffa ai danni dello Stato.

La reazione da parte del dottor Sgarbi è stata piuttosto accesa, con pesanti insulti e una querela contro il Consigliere Alex Marini.

Invece di ricevere il risarcimento danni richiesto, Vittorio Sgarbi è stato condannato a pagare 15.000 euro al consigliere provinciale trentino.

*Il tribunale di Macerata ha stabilito che Alex Marini ha **"esercitato correttamente il diritto di cronaca", pertanto, ha detto la verità**, mentre ha condannato il dottor Sgarbi per i suoi insulti.*

Da qui la "perla" di Alex Marini che cito per esteso: "Da parte dei potenti c'è l'abitudine di usare la minaccia dell'azione risarcitoria come strumento di pressione.

Proprio quello che Sgarbi ha cercato di fare nei miei confronti dopo avermi scaricato addosso una quantità di insulti gratuiti.

Ma anche chi è ricco e famoso non può permettersi di calpestare il prossimo".

A Roma direbbero: "Pia', pesa, incarta e porta a casa".

(Per ognuno che riesce a lottare contro l'ingiustizia, quanti, purtroppo, si lasciano intimorire?)

"Affronta qualsiasi cosa come farebbe un cane: se non puoi mangiarla o giocarci, semplicemente, facci sopra la pipì e passa oltre" (Snoopy, cane del fumetto creato da Charles M. Schulz).

Questa "perla di saggezza canina" fa davvero sorridere se applicata ai cani.

Un po' meno se a farlo sono le persone, anche se, in certi casi...

"Non è ammessa l'estradizione dello straniero per reati politici" (Costituzione della Repubblica Italiana, articolo 10 comma 4. (*Tale comma non si applica ai delitti di genocidio*).

La Francia ha arrestato alcuni terroristi italiani dopo averli protetti per decenni.

Oggi sono persone d'età avanzata, il più giovane dovrebbe avere sui 73 anni.

Perché la Francia ha protetto per tanto tempo persone macchiatesi di crimini orrendi?

Può "tenere" la motivazione "reati politici"?

Difficilmente...

La legge francese, come la Costituzione italiana, anche allora **prevedeva l'asilo a chi non si fosse macchiato di delitti di sangue** *e non avesse condanne definitive.*

""vendetta" è quando la vittima rende pan per focaccia al colpevole; quando il colpevole viene processato secondo le norme e le garanzie dello Stato di diritto, si chiama "giustizia" (Marco Travaglio, storico, giornalista e scrittore).

Questa ovvia "perla" di saggezza, in armonia con la meravigliosa lingua italiana, viene accantonata inspiegabilmente da alcuni "esperti" politici e giornalisti, piuttosto abili nel complicare le cose semplici.

Riporto per esteso una parte dell'articolo scritto da Marco Travaglio, ricco di "perle":

"Dire che arrestarli oggi non ha senso perché sono cambiati è il classico *nonsense*".

(Sarebbe come dire che la Francia li ha protetti quando erano criminali e li ha arrestati quando sono "cambiati" n.d.r.).

"Ovvio che sono cambiati: nessuno resta uguale per 30 anni. Ma se non fossero fuggiti 20 o 30 o 40 anni fa, avrebbero già scontato la pena e sarebbero fuori, visto il concetto elastico di "certezza della pena" vigente in Italia. È proprio perché a suo tempo si sottrassero alla giustizia e al carcere che finiscono dentro solo ora: colpa loro e di nessun altro…

"Negli anni 70 in Italia c'erano terroristi rossi e neri (a volte coperti o infiltrati da apparati deviati dello Stato) che ammazzavano a sangue freddo politici, magistrati, forze dell'ordine, giornalisti, sindacalisti, operai, gente comune. Chi dovrebbe pacificarsi con loro: i morti ammazzati? Gli orfani e le vedove? Il perdono è una scelta individuale: chi vuole lo dà, chi non vuole non lo dà. Ma lo Stato non deve pacificarsi con nessuno perché non ha dichiarato guerra a nessuno. Furono i terroristi a dichiararla unilateralmente allo Stato e ai suoi servitori. L'unica soluzione politica è chiudere bene a chiave le celle, perché non scappino un'altra volta" (Marco Travaglio).

Mi sembra incontestabile il ragionamento del dottor Marco Travaglio.

"L'Italia ripudia la guerra come strumento di offesa alla libertà di altri popoli e come mezzo di risoluzione alle controversie internazionali; consente, in condizioni di parità con gli altri stati, alle limitazioni di sovranità necessarie ad un ordinamento che assicuri la pace e la giustizia fra le nazioni; promuove e favorisce le organizzazioni internazionali rivolte a tale scopo" (Costituzione della Repubblica Italiana, articolo 11).

Argomento scottante questo dettato dall'articolo 11 della Costituzione Italiana.

Spesso si fanno i "salti mortali" per giustificare gli interventi armati delle nazioni potenti, sostenendoli anche attivamente.

L'intervento sovietico e statunitense in Afganistan era per assicurare la pace e la giustizia fra le nazioni, tanto da giustificare anche l'intervento italiano, oppure aveva solo una motivazione politico/economica?

Che dire poi dell'intervento in Iraq?

Era necessario per promuovere la pace e la giustizia fra le nazioni?

Oppure l'"oro nero" ha annebbiato l'intelletto di chi governava gli USA e l'Italia all'epoca?

(non è difficile da ricordare chi fossero, ma se non lo ricordate fate una piccola ricerca).

Quante sofferenze in meno ci sarebbero senza tanta avidità e rispettando un po' di più il diritto nazionale e internazionale!

Acquerello di R. Angelica
Il mio gatto "ladro" ha ancora molto da imparare da certi politici

"C'è gente che non riuscirebbe a passare l'esame di coscienza neanche copiando" (anonimo).

I politici corrotti e ladroni sono premiati con il ripristino del vitalizio.

Un politico lombardo, ex presidente della regione Lombardia, condannato in cassazione a 5 anni e 10 mesi per aver incassato 6 milioni di euro di tangenti in cambio di 200 milioni fatti versare dalla regione a due cliniche private, è stato premiato dal senato con il ripristino del vitalizio di euro 7.000 circa.

Qualche altro ladrone simile è avviato ad avere presto lo stesso premio.

Chi non ha mai rubato niente, dopo aver lavorato da 37 a 43 anni in aziende statali, riceve o riceverà una pensione media di circa 1.500 euro al mese.

In altri settori qualcosa di meno.

6 italiani su 10 non arrivano a 750 euro mensili, mentre la media dei rimanenti è di circa 1.400 euro al mese.

Centinaia di migliaia di italiani hanno sperimentato cosa significa essere "esodati", senza lavoro né pensione, presi in giro dalle lacrime di coccodrillo di qualche ricco ministro.

Davvero tanta gente al senato l'esame di coscienza non lo passa neanche copiando!

Dopo questi fatti, tenendo conto dei molti miliardi di euro destinati alla sanita dal Recovery Plan, non è difficile prevedere un attacco spietato per togliere di mezzo il ministro della salute Roberto Speranza, in moda da poter liberamente riprendere la solita "allegra" gestione dei fondi della sanità pubblica.

Speriamo che resista, anche se i collaboratori con cui l'hanno affiancato non ispirano molta fiducia...

Non dismettete mai quella sana, curiosa attitudine di approfondire la vostra conoscenza.

Quando ti criticano ricorda questa frase: "Non verrai mai criticato da qualcuno che sta facendo più di te, ma da qualcuno che sta facendo meno o addirittura niente" (Giuseppe Conte, avvocato e professore universitario, presidente del consiglio dei ministri nei governi Conte 1 e Conte 2).

Giuseppe Conte, avvocato e professore universitario

Quando leggo che qualche attempato "esperto" ultra ottantenne afferma che ci vuole la Siberia, la colonia penale, per chi ha scritto i DPCM dei governi Conte, mentre non si preoccupa minimamente del vergognoso assenteismo sia nel Parlamento italiano che in quello europeo di alcuni suoi "calorosi" colleghi di schieramento politico, non posso non apprezzare questa "perla" del dottor Giuseppe Conte.

Come rispondere a chi critica ad oltranza e per "Partito Preso"?

Rispettosamente, tenendo conto dell'età, da bisnonno a (forse) bisnonno e sorridendo pensando a Totò: "Ma mi faccia il piacere!".

(A proposito: a quando una legge per multare e licenziare i parlamentari assenteisti?)

"Le nostre vite finiscono quando tacciamo di fronte alle cose davvero importanti" (Martin Luther King, pastore protestante statunitense, leader del movimento per i diritti civili degli afroamericani).

Secondo questo principio esposto da Martin Luther King, non pochi politici, industriali e, soprattutto, giornalisti sono "morti" per quanto riguarda il beneficio della collettività.

Purtroppo, sono anche ben "vivi" per quanto riguarda gli interessi dei "furbacchioni" disonesti.

"Voglio dire a quegli agenti che hanno scortato mio padre, anche a quelli sopravvissuti che oggi sono padri e nonni che io devo moltissimo a loro: devo l'uniforme che mi onoro di indossare ma che in quegli anni, spesso, non è stata onorata da alcuni alti vertici della Polizia, sia prima che dopo le stragi di mafia. Voglio dare voce a tutti i sopravvissuti di quelle stragi, anche ad un altro gruppo di poliziotti che scelsero volontariamente di scortare mio padre, quando a Palermo, dopo la strage di Capaci, serpeggiava in questura la paura anche solo di svolgere un servizio per il mio papà, visto l'elevatissimo rischio di attentati. Questi agenti, non solo si proposero di scortarlo, ma rischiarono di morire. Per una pura casualità non si sono trovati in via D'Amelio il 19 luglio 1992" (Manfredi

Borsellino, figlio del magistrato Paolo Borsellino, vittima della mafia).

*Quello che colpisce di questa "perla" di Manfredi Borsellino è che **la divisa della Polizia "non è stata onorata da alcuni alti vertici della Polizia, sia prima che dopo le stragi di mafia".***

Una denuncia molto severa, che coinvolge delle alte cariche istituzionali.

Anche se prima o poi la verità verrà a galla, "meglio tardi che mai", sono già trascorsi 29 anni senza che le oltre mille vittime della criminalità organizzata, e i loro famigliari, abbiano avuto piena giustizia.

Politici potenti continuano a spadroneggiare nonostante le loro responsabilità dirette e indirette con le stragi di mafia.

Continuano a farlo nonostante abbiano straperso le elezioni del 2018!

Questo è un rospo molto difficile da digerire per chi ama la giustizia.

"Dopo 29 anni non conosciamo ancora la verità sulle stragi e Giovanni Brusca l'uomo che ha distrutto la mia famiglia è libero" (Tina Montinaro, moglie del capo scorta di Giovanni Falcone, morto nella strage di Capaci).

Giovanni Brusca ha collaborato con la giustizia, ha parlato, è stato premiato scontando solo 25 anni rispetto ai molti ergastoli meritati per i suoi orrendi crimini.

*Ma fino a che punto ha parlato e fino a che punto è stato creduto, dal momento che **"non conosciamo ancora la verità sulle stragi"?***

Se non gli hanno creduto, perché tanti sconti di pena?

Se gli hanno creduto, perché ha fatto prima Brusca a scontare 25 anni di carcere che la verità a venire a galla?

Quanti collusi in parlamento e fra le istituzioni continuano a fare la vita comoda essendo premiati anziché puniti?

Brusca è un "premiato" perché pentito o perché non ha parlato quanto avrebbe dovuto?

Certi politici "inventeranno" qualcosa per rendere sconveniente e ancor più pericoloso pentirsi e collaborare con la giustizia?

Quanti politici e i loro potenti amici temono il "canto" dei pentiti?

Gli italiani e soprattutto i parenti delle vittime della mafia meritano una risposta a queste domande.

"La serva è ladra, la padrona è cleptomane" (Trilussa, pseudonimo di Carlo Alberto Camillo Mariano Sallustri, poeta, scrittore e giornalista romano).

(Segue brano tratto dal libro "La scomparsa dei fatti")

"Un ladro è un ladro, sia che rubi nei supermercati per sfamare la sua povera famiglia, sia (a maggior ragione) che rubi ai cittadini sotto forma di tangenti, come Craxi e compagnia bella; o ai risparmiatori con bond fasulli, come Tanzi e i banchieri suoi complici; o agli azionisti, come i truccatori di bilanci; o ai contribuenti, come gli evasori fiscali; o direttamente ai correntisti suoi clienti, come il patron della Popolare di Lodi, pupillo dell'ex governatore Fazio. Ma per chiamare ladro quello del supermercato non occorre alcun coraggio; per chiamare ladri, anzi ladroni (viste le dimensioni della refurtiva) i Craxi, i Tanzi, i Fiorani, i falsabilanci e gli evasori fiscali, di coraggio ce ne vuole molto di più. Tant'è che, per queste categorie, il termine "ladro" (molto in voga negli anni belli 1992-93) è caduto rapidamente in disuso. Poi, certo, la cronaca ci porta in casa ogni giorno episodi sempre più gravi di ladrocini, grassazioni e soperchierie dei potenti ai danni dei cittadini. Ma li esorcizziamo chiamandoli in altro modo, di solito soavissimo. Nel nostro Codice penale, il crac cagionato da imprenditori senza scrupoli che fuggono con la cassa della società, lasciando sul lastrico gli azionisti e i lavoratori, si chiama "bancarotta per distrazione". Dove **"distrarre" significa rubare, ma evoca sbadataggine, smemoratezza, amnesia**. Lo diceva già Trilussa: "La serva è ladra, la padrona è cleptomane" (Marco Travaglio, dal libro "La scomparsa dei fatti").

Più chiaro di così...

A proposito di corrotti e cretini, entrambi dannosi per la comunità, ho trovato quest'altra "perla":

"La guerra ai corrotti appartiene al mondo del possibile. Mentre la presenza dei cretini è invasiva come quella degli anticorpi: ti accorgi di loro quando è troppo tardi. Infatti, sempre e inevitabilmente ognuno di noi sottovaluta il numero di individui stupidi in circolazione". "Tra burocrati, generali, politici, e capi di stato si ritrova la maggiore percentuale di stupidi la cui capacità di danneggiare il prossimo è pericolosamente accresciuta dalla posizione di potere che occupano" (Carlo M. Cipolla, storico e accademico italiano specializzato in storia dell'economia).

"Cretino" e "stupido" sono sinonimi; indicano scarsa intelligenza e "indisponente ottusità o balordaggine" soprattutto nel discorrere o nell'esprimersi, oltre che nell'agire.

"Ti accorgi di loro quando e troppo tardi" ci ricorda Carlo Cipolla, e la loro capacita di danneggiare "è pericolosamente accresciuta dalla posizione di potere che occupano".

Dispiace doverlo dire, ma l'incapacità italica di impedire il raggiungimento di una posizione di potere a persone così è molto evidente, ed ha causato tanti danni.

Perfino il partito che ha stravinto le elezioni del marzo 2018 ha selezionato fra i suoi rappresentanti in Parlamento un certo numero di opportunisti "in vendita al miglior offerente", che hanno fatto danno e disatteso non poco la volontà espressa dagli elettori.

Quando poi la maggioranza delle persone comincia a rendersene conto, di solito è troppo tardi.

In questo triste periodo di pandemia molti "cretini" e "stupidi", con le loro vigorose affermazioni degne della loro occulta natura, hanno incoscientemente accresciuto contagi e morti.

Mi viene in mente chi, solo pochi anni fa, ha avuto il sostegno di oltre il 40% degli italiani (oggi meno del 3%); oppure anche chi, nei sondaggi, si è avvicinato a tale elevato consenso popolare.

Anche se decisamente ridimensionati, sono ancora troppi quelli che non hanno compreso la loro reale natura.

Per quanto riguarda i dannosissimi corrotti, che abbondano, i mezzi per neutralizzarli ci sarebbero: abbiamo la legge.

Ma finché altri corrotti insieme agli "stupidi e ai "cretini" li proteggono, è difficile anche per la legge limitare i danni...

"Però! commissione d'inchiesta! Stavolta condivido le parole dell'ex ministro dell'interno: una commissione

d'inchiesta è necessaria, anzi, doverosa (Bisnonno Maurizio e molti altri).

Una Commissione d'inchiesta, però, non solo per il ministro della sanità Speranza, ma **per tutti! un'inchiesta seria, completa, fino in fondo; anche in Lombardia, in Calabria e in Piemonte.**

Anche per valutare le responsabilità dei primari ospedalieri, dei politici e dei giornalisti che hanno incitato, nella loro smania di attaccare il governo Conte, alla disobbedienza civile.

Come dimenticare quel video virale che mostra un gruppo di persone d'età avanzata che bruciano nel fuoco le loro mascherine nel fare propaganda politica!

Ho l'impressione che alcuni politici non sappiano come funzioni un boomerang. Spero che lo imparino presto a loro spese.

Che c'è, Luna?

Chi ha preso la mia palla? Voglio un'inchiesta!

"**Non è il momento di prendere i soldi degli italiani, ma di darli**" (Mario Draghi, Presidente del Consiglio dei ministri).

"Sante" parole.

Aspettiamo di vederne l'applicazione pratica.

Il lavoro del precedente Presidente del Consiglio con l'Europa ha procurato notevoli risorse con un consistente Recovery Fund.

A quali italiani saranno date queste risorse?

*Per adesso stiamo assistendo agli sforzi dei politici per **restituire i vitalizi ai corrotti.***

*Anche per annullare **e restituire il taglio dei vitalizi.***

Sono questi gli italiani ai quali bisogna "dare i soldi invece di prenderli"?

La presenza in Parlamento di certi personaggi che hanno spolpato l'Italia e gli italiani negli scorsi decenni, non ci tranquillizza affatto.

A quali italiani saranno dati i soldi del Recovery Fund?

Ho notato diversi politici (al governo pur avendo straperso le elezioni) leccarsi i baffi con l'acquolina in bocca...

*Inoltre, **da quali italiani "non saranno presi soldi"?***

*Per ora sembra che, con l'ultimo "artistico" condono esattoriale, **non saranno presi soldi dai grandi evasori fiscali, a danno di chi paga regolarmente le tasse o dei piccoli evasori con l'acqua alla gola.***

*Non saranno presi soldi, a quanto sembra, **neanche dai ricchi sfondati, che non vogliono mollare neanche gli "spiccetti" per aiutare chi è in difficoltà, particolarmente i giovani.***

In compenso c'è la riforma delle pensioni.

Con tutti i morti di covid-19 che ci sono stati, avranno ancora il coraggio di dire che la speranza di vita si è allungata?

Saranno ancora i pensionati a pagare per arricchire di più i ricchi?

Finora le "sante" parole di Draghi sono state ripetute con ammirazione da coloro che hanno **sempre preso** *dalle tasche dei poveri per dare ai ricchi.*

Sembra chiara la loro determinazione a **non prendere dalle tasche dei ricchi.**

Si, quella di Mario Draghi è una bella frase ad effetto, molto strumentalizzabile e fuorviante.

Aspettiamo di vedere i fatti, ma senza troppe illusioni...

A meno che quelli che hanno stravinto le elezioni nel 2018 non decidano di svegliarsi veramente e farsi rispettare, a costo di far saltare all'aria il governo dei cosiddetti "migliori".

Da non trascurare il problema sentimentale: ai soldi i ricchi sono troppo affezionati...

I poveri un po' di meno, infatti riescono sempre a prenderli dalle loro tasche, se qualcuno non glielo impedisce.

Trovo calzante questo pensiero di Einstein:

"Il mondo è quel disastro che vedete, non tanto per i guai combinati dai malfattori, ma per l'inerzia dei giusti che se ne accorgono e stanno lì a guardare" *(Albert Einstein, fisico tedesco)*

Concludo questa prima parte dedicata alla politica con una mia vecchissima riflessione e convinzione che si è rafforzata nel corso di molti anni:

"Non è profittevole discutere e litigare sulla superiorità o meno delle ideologie politiche. Non è l'ideologia politica in sé a determinare se un governo sarà buono o cattivo, ma sono i valori morali, è il contenuto della "testa" e del "cuore" di chi governa e dei suoi collaboratori a determinarlo, a prescindere dalle ideologie" (Bisnonno Maurizio).

Non sto dormendo, è una tattica!

Parte seconda
RELIGIONE

"Lo Stato e la Chiesa cattolica sono, ciascuno nel proprio ordine, indipendenti e sovrani" (Articolo 7 della Costituzione italiana).

"Tutte le confessioni religiose sono ugualmente libere davanti alla legge. Le confessioni religiose diverse dalla cattolica hanno diritto di organizzarsi secondo i propri statuti, in quanto non in contrasto con l'ordinamento giuridico italiano.

I loro rapporti con lo stato sono regolati per legge sulla base di intese con le relative rappresentanze" (Articolo 8).

"Tutti hanno il diritto di professare liberamente la propria fede religiosa in qualsiasi forma, individuale o associativa, di farne propaganda e di esercitarne in privato o in pubblico il culto, purché non si tratti di riti contrari al buon costume" (articolo 19).

"Tutti i cittadini hanno pari dignità sociale senza distinzione...di religione" (Articolo 3 della Costituzione Italiana).

Ho elencato alcune delle leggi costituzionali riguardanti la religione per evidenziare un problema mondiale e spesso anche nazionale: l'intolleranza religiosa.

Non sono poche le persone e le nazioni che trascurano le Leggi nazionali e Internazionali al riguardo.

Purtroppo non di rado ci giungono tragiche notizie di guerre e di stragi motivate dall'intolleranza religiosa.

Anche se, in linea generale, l'umanità sta facendo progresso sotto l'aspetto civile e morale, c'è ancora molta strada da fare.

Non sto ad elencare le molte anche orribili manifestazioni di intolleranza religiosa sfociate in odio religioso.

Praticamente in ogni religione ci sono sia le vittime che i carnefici al riguardo.

Difficilmente si può obiettivamente affermare che ci sia una religione migliore di un'altra...

Un fenomeno che voglio però evidenziare è quello che ho definito "narcisismo" religioso, fratello del fanatismo e dell'intolleranza.

Forse gli studiosi gli daranno un nome diverso più appropriato...

In sintesi, è il contrario di quello che appare in bella mostra nelle aule dei tribunali.

*Per loro "La legge **non è** uguale per tutti".*

Non pochi di quelli che lottano strenuamente per i propri diritti, trascurano lo stesso doveroso zelo per i diritti altrui.

Non pochi di quelli che reclamano a gran voce affinché altri assolvano i propri doveri nei loro confronti, trascurano di manifestare onestamente lo stesso zelo per i propri doveri nei confronti di altri.

Diritti e doveri "a senso unico".

Rende molto l'idea una vecchia canzone italiana che diceva: "Allora dai, allora dai! Le cose giuste tu le sai! Allora dai, allora dai! Dimmi, perché tu non le fai?".

Siamo molto abituati a questo pessimo comportamento in campo politico, ma anche in campo religioso non si scherza...

Sia La Costituzione italiana che il Diritto internazionale stabiliscono che tutti i cittadini hanno pari dignità sociale, senza distinzione di religione.

Giustamente coloro che hanno lasciato il cattolicesimo, l'islamismo, l'ebraismo, l'induismo o qualsiasi altra religione per passare ad un'altra, sia essa una delle religioni grandi summenzionate oppure una di minor seguito come la religione dei Mormoni, degli Amish, dell'Opus Dei, dei Testimoni di Geova, dei Pentecostali, degli Scientology e così via, hanno espresso con fermezza il loro diritto alla libertà di scelta religiosa ed al rispetto della loro dignità sociale.

Per esempio, in Europa tutte le religioni sono tutelate e chiunque dovesse lasciare la religione più seguita in una nazione per seguirne un'altra avrebbe tutela legale. Per esempio, ovunque ci sono Moschee per gli islamici, come anche luoghi di culto per le altre religioni.

Se un cattolico dovesse diventare islamico o Testimone di Geova o Mormone non sarebbe ghettizzato (un bel progresso rispetto all'inquisizione medioevale).

Ma cosa avviene molto spesso in caso contrario?

Chi ha lottato con successo in difesa della propria libertà religiosa e del rispetto della propria dignità sociale, agisce coerentemente avendo lo stesso rispetto per chi lascia la "loro" religione per seguirne un'altra, o semplicemente nessun'altra?

Un' accurata ricerca ha portato alla luce notevoli incoerenze al riguardo.

I vertici delle Chiese hanno particolare interesse a mantenere e possibilmente aumentare la loro autorità sui seguaci.

Per tale motivo, avere contatti con chi ha lasciato la loro religione è ritenuto estremamente pericoloso.

Questo influisce notevolmente sull'atteggiamento delle persone che sono all'interno dell'organizzazione religiosa.

In alcuni ambienti è quasi certo che si prenderanno provvedimenti disciplinari molto seri nei confronti di chi ha contatti con persone che sono uscite dall'organizzazione, compresi famigliari stretti.

Naturalmente la propaganda delle chiese dice tutt'altra cosa al riguardo.

Spesso l'ipocrisia delle religioni ha ben poco da invidiare a quella dei politici...

Altro aspetto piuttosto grave è che coloro che prendono la direttiva nelle chiese lasciano intendere sottilmente che quelli che escono dalla loro organizzazione **sono certamente cattive persone.**

Spesso vengono diffuse vere e proprie calunnie.

La fantasia delle persone a volte non conosce limiti...

Per tale motivo, l'ostracismo viene praticato come se fosse un diritto/dovere, tale da essere messo in relazione con la lealtà a Dio.

Naturalmente, Bibbia alla mano, Dio e Gesù non c'entrano niente, tutt'altro!

Cito alcuni brani biblici a conferma:

"Devi amare il tuo prossimo come te stesso" (Levitico cap. 19 verso 18; Matteo cap. 22 verso 39).

"Non devi andare in giro a diffondere calunnie" (Levitico capitolo 19 verso 16)".

"Se uno non provvede ai suoi, e specialmente a quelli della propria casa, ha rinnegato la fede ed è peggiore di uno senza fede" (1 Timoteo cap. 5 verso 8).

"Non criticare severamente l'uomo d'età avanzata, al contrario, supplicalo come un padre" (1 Timoteo cap. 5 verso 1).

"Accertatevi di ogni cosa" (1 lettera ai Tessalonicesi capitolo 5 verso 21").

I leader delle religioni, in generale, volendo mantenere e rafforzare la propria autorità, hanno trasgredito e spinto a trasgredire questi e diversi altri comandi biblici.

Alcuni inconsapevolmente, altri consapevolmente.

Un aspetto particolarmente odioso del comportamento dei vertici di molte chiese è quello di usare il pugno di ferro nei confronti di chi ha dei dubbi sul comportamento della chiesa o dei suoi leader preminenti, arrivando facilmente all'espulsione, soprattutto se i dubbi sono motivati.

D'altro canto vengono protetti e tutelati alcuni che commettono gravi trasgressioni, quali adulteri, molestie sessuali anche verso minori, persino atti di pedofilia.

Purché riconoscano con parvente sottomissione l'autorità della chiesa e dei suoi ministri più preminenti.

Nel far questo non si curano di tutelare le vittime passate, presenti e, probabilmente, future.

C'è comunque da precisare che all'interno delle varie religioni ci sono tante brave persone di notevole valore morale e con belle qualità cristiane, purtroppo inconsapevoli di quanto accade nella loro chiesa.

Col tempo, comunque, anche costoro subiranno nella loro personalità l'influenza negativa dell'ipocrisia dei vertici dell'organizzazione religiosa.

Un suggerimento editoriale per non perdere la fede nonostante le religioni

Ordinabile su 'Amazon'

"La condivisione non è comunismo. È cristianesimo puro" (Jorge Mario Bergoglio, Papa Francesco).

Da qualche decennio a questa parte l'insulto condizionante: "fascista!" è stato grandemente sostituito dall'altro insulto condizionante: "comunista!".

*Sembra però evidente che non pochi di quelli che usano l'insulto condizionante "comunista!" Abbiano particolare avversione per un'altra parola, la parola: **"Condivisione",** quella usata da Jorge Mario Bergoglio.*

Ricordo ancora con disgusto l'insurrezione dei ricchi politici per un piccolo taglio dei vitalizi!

Che dire poi del prospettato taglio di una piccola quota patrimoniale per i redditi più elevati, in modo da aiutare chi è in grave difficoltà, soprattutto i giovani?

Un provvedimento logico, semplice e praticamente "indolore".

Perfino molti che hanno redditi tutt'altro che elevati sarebbero disposti a fare un sacrificio.

Ebbene: altra insurrezione dei ricchi e dei benestanti, soprattutto politici e grandi industriali!

Altro che condivisione!

Si comportano, nonostante le loro grandi ricchezze materiali, da "pezzenti dentro" ...

Naturalmente per giustificare la loro avidità e la loro avversione per la condivisione hanno l'insulto pronto: "comunisti!".

Poi, naturalmente, fanno grande mostra di religiosità esponendo perfino simboli religiosi e avendo atteggiamenti "devoti".

Alcuni, addirittura, conversano amichevolmente con la Madonna!

"Ma mi faccia il piacere!", direbbe il grande comico Totò...

"La libertà cristiana non si perde tutta in una volta, ma a poco a poco, insensibilmente, quando permettiamo ad altri di sostituirsi a noi nell'esercizio del diritto, concessoci da Dio, di esercitare la nostra libertà di coscienza, la nostra libertà di pensiero, la libertà di giungere alle nostre conclusioni, la libertà di formarci le nostre convinzioni, così che la nostra fede emani dal nostro cuore e dalla nostra personale conoscenza della Parola di Dio" (Raymond Franz, predicatore statunitense).

Questa è davvero una grande "perla" di saggezza in campo religioso!

L'astuto tentativo di signoreggiare sugli altri servendosi della religione ha origini molto antiche.

Nel primo secolo d.C., l'apostolo Paolo mise severamente in guardia nei confronti di chi avrebbe fatto questo nel cristianesimo servendosi della propria posizione autorevole nella comunità religiosa.

Avvertì che fra gli "episkopos" (anziani, sorveglianti o vescovi della chiesa) sarebbero sorti" lupi rapaci" che avrebbero oppresso il "gregge" (Atti degli apostoli, capitolo 20 versi 29 e 30).

Avvertì che ipocriti preminenti nella chiesa cristiana avrebbero parlato malvagiamente di chi si atteneva all'insegnamento cristiano e cercato di cacciare dalla congregazione i cristiani leali (terza lettera di Giovanni versi 9 e 10).

"Non devi avere altro Dio all'infuori di me. Non ti fare nessuna scultura, né immagine di cose che splendono nel cielo, o sono sulla terra, o sono nelle acque. Non devi inchinarti in adorazione davanti a loro perché io, il Signore (oppure: Jhavè, Geova, l'Eterno) tuo Dio, sono un Dio geloso" (Sacra Bibbia, Esodo capitolo 20 versi da 3 a 5).

In questo contesto non è mia intenzione aprire un dibattito sull'esistenza di un Dio Creatore o sull'attendibilità della Bibbia.

Ciò che voglio mettere in discussione è l'attendibilità o meno delle religioni a confronto con l'insegnamento biblico.

Tutte le organizzazioni di carattere religioso asseriscono, con convinzione, di attenersi a questo insegnamento.

È vero?

Se non tutte, vi è almeno qualche organizzazione religiosa che vi si attiene?

La risposta, ad una analisi accurata e obiettiva è no.

(Se qualcuno vorrà smentirmi, resto in attesa di prove al riguardo).

Soffermandomi in modo particolare sulle organizzazioni religiose che si rifanno al cristianesimo (forse migliaia), mi voglio introdurre con un avvertimento dato da San Paolo e riportato nella lettera scritta ai cristiani della Galazia: "Alcuni vogliono sovvertire l'insegnamento di Cristo. Ma anche se un angelo del cielo vi annunciasse un vangelo diverso, che sia scomunicato (o maledetto TNM). Si, ve lo abbiamo già detto ma ve lo ripeto, se qualcuno vi predica un vangelo diverso da quello che avete ricevuto, sia scomunicato! (o maledetto!)" (Lettera ai Galati, capitolo 1, versi da 7 a 9).

Già agli inizi del cristianesimo, ancora in presenza dell'apostolo delle nazioni, Paolo, alcuni volevano inserire dei dogmi in contrasto con l'insegnamento trasmesso da Gesù, che aveva adempiuto la legge mosaica.

Volevano imporre la circoncisione ai non giudei divenuti cristiani.

Cominciando dalla circoncisione, avrebbero gradualmente inserito altri dogmi, così come i Farisei e gli scribi avevano fatto nel giudaesimo mettendo i loro insegnamenti al posto della Parola di Dio (vedi vangelo di Matteo capitolo 15 versi da 3 a 9).

Lo scopo era quello di acquistare sempre più potere e autorità (con conseguente ricchezza) sui fedeli.

Tale scopo fu raggiunto in pieno, con le conseguenti barbarie religiose commesse nel corso dei secoli, delle quali possiamo leggere nei libri storia.

Che dire del nostro tempo?

Ebbene, tutte le organizzazioni religiose hanno posto i loro leader al di sopra di Dio e della Bibbia, arrivando al punto di osteggiare grandemente coloro che desiderano ubbidire al primo dei dieci comandamenti della Sacra Bibbia.

Alcuni, come i sedicenti cristiani nei secoli passati, arrivano a compiere azioni violente, quando le società in cui vivono glielo permettono.

Altri praticano un doloroso ostracismo con effetti che in alcuni casi sono devastanti.

La stragrande maggioranza di coloro che seguono queste organizzazioni religiose, grandi o piccole che siano, non si rendono conto di essere stati spinti a violare il primo dei dieci comandamenti: "Non devi avere altro Dio all'infuori di me" e di essere stati indotti a porre i vertici religiosi al di sopra di Dio.

Speriamo che, prima o poi, se ne rendano conto.

In ogni caso, non disconosciamo il ruolo sociale delle religioni e il sincero altruismo che manifestano molte persone religiose, meritevoli di lode per questo.

"E' il momento della vergogna. Hanno implorato aiuto per due giorni, non è arrivato nessuno" (Papa Francesco).

Questo è il commento di Papa Bergoglio sul naufragio avvenuto in acque libiche che è costato la vita a 130 persone.

Ha anche affermato, tra l'altro, che "coloro che potrebbero intervenire per aiutare, preferiscono guardare da un'altra parte".

Parole sacrosante queste.

Come si può non essere indignati per il comportamento di politici che, con calore e sentimento e ottenendo anche un notevole seguito, rivendicano il loro diritto di non soccorrere i naufraghi nel mare Mediterraneo.

Politici che sfoggiano la loro religiosità servendosi anche di simboli religiosi, mentre stimolano i sentimenti più egoistici nei loro seguaci.

Inoltre, che fine ha fatto il programma governativo italiano, esteso all'Europa, per il controllo e l'assistenza nel mar Mediterraneo?

"Chi è fedele nel minimo, è anche fedele nel molto, chi è ingiusto nel minimo è anche ingiusto nel molto" (vangelo di Luca, capitolo 16 verso 10).

Questo brano del vangelo di Luca è stato menzionato da papa Bergoglio nel motivare i suoi drastici provvedimenti contro la corruzione in Vaticano.

Questo stesso vangelo, proseguendo, riporta le ulteriori parole di Gesù: "non potete essere schiavi di Dio e della Ricchezza", a conferma dell'appropriatezza dei provvedimenti di papa Bergoglio.

Dalla città del Vaticano ci pervengono queste informazioni: "Tolleranza zero per i vertici corrotti della curia romana, sia cardinali che laici. Papa Francesco ha stabilito, infatti, che i capi dicastero e i dirigenti laici della Santa Sede e tutti coloro che hanno funzioni di amministrazione attiva giurisdizionale o di controllo e vigilanza dovranno sottoscrivere, al momento dell'assunzione e poi con cadenza biennale, una dichiarazione anticorruzione. In essa dovranno attestare di non aver riportato condanne definitive, in Vaticano o in altri Stati, di non aver beneficiato di indulto, amnistia o grazia e di non essere stati assolti per prescrizione. Di non essere sottoposti a processi penali pendenti o indagini per partecipazione a un'organizzazione criminale, corruzione, frode, terrorismo, riciclaggio di proventi di attività criminose, sfruttamento di minori, tratta o sfruttamento di esseri umani, evasione o elusione fiscale"..."Dovranno assicurare che tutti i beni, mobili e immobili, di loro proprietà o anche solo detenuti, come pure i compensi di qualunque genere percepiti, hanno provenienza da attività lecite"..."La Segreteria dell'economia potrà eseguire controlli sulla veridicità delle affermazioni messe nero su bianco dai dichiaranti, e la Santa

Sede, in caso di dichiarazioni false o mendaci, potrà licenziare il dipendente e chiedere i danni eventualmente subiti". (Francesco Antonio Grana).

"Rosamundo" Bergoglio!

"Più lo guardo e più mi piace", come cantava la grande cantante romana Gabriella Ferri.

A differenza di molti politici e giornalisti, ignoranti o disonesti, papa Francesco sa bene che "prescrizione" non significa innocenza, tutt'altro, non c'è bisogno di prescrivere un reato che non c'è, ma solo un reato che c'è.

Se queste regole del Vaticano fossero estese all'Italia, si svuoterebbe il Parlamento, con grande soddisfazione degli italiani onesti e per la disperazione dei disonesti.

Purtroppo i politici italiani corrotti stanno lottando con tutte le loro forze per eliminare quel poco di buono che era riuscito a fare il ministro della giustizia Bonafede, che invece lo Stato Vaticano ha "copiato" e perfezionato.

"Tutto questo ho visto, e il mio cuore prestava attenzione a ogni opera che è stata fatta sotto il sole, nel tempo in cui l'uomo ha dominato l'uomo a suo danno" (Salomone, terzo re d'Israele, libro biblico di Ecclesiaste, capitolo 8 verso 9).

Quando degli uomini desiderano dominare su altri uomini, questo è un grande danno per l'umanità.

L'avidità di potere è alla base di tragiche guerre, stragi terroristiche, criminalità organizzata, perfino pestilenze e carestie.

L'indole pacifica permise a Salomone di regnare a lungo e condurre la nazione d'Israele al raggiungimento di una immensa prosperità e ricchezza.

Quando, in vecchiaia, cambiò indole divenendo tiranno, le conseguenze divennero tragiche per tutta la nazione.

"Per i propri ideali uno dovrebbe sacrificare solo sé stesso, mai gli altri" (Karl R. Popper, Filosofo austriaco naturalizzato britannico).

Troppo spesso in campo religioso ci sono sostenitori di "ideali" per i quali milioni di persone si sacrificano economicamente, in famiglia, nel lavoro, nella società, nell'istruzione, nei rapporti con le forze governative, nelle cure mediche e altro ancora.

A questi venditori di "ideali" calzano a pennello queste parole di Gesù riguardanti gli scribi e i farisei: "Dicono, ma non fanno. Legano gravi carichi e li mettono sulle spalle degli uomini, ma essi stessi non li vogliono muovere neppure col dito" (Vangelo di Matteo, capitolo 23 versi 3 e 4). Gran parte dei leader religiosi di tutte le religioni si permettono una vita comoda e lussuosa, mentre i loro seguaci fanno grandi sacrifici economici per gli "ideali"; se ne stanno comodi e protetti nelle loro lussuose residenze mentre i loro seguaci affrontano persecuzioni e torture, stupri e morte sempre per quegli "ideali".

Loro se la passano comunque bene, anche se nel mondo ci sono pestilenze, carestie, guerre.

Sono esclusivamente i fedeli a subirne le conseguenze.

Anche in campo religioso, come in politica, sono i poveri a dare ai ricchi, non i ricchi a dare ai poveri.

Sono rivolte anche a loro queste parole di Gesù riportate nel capitolo 23 del vangelo di Matteo: "Guai a voi, scribi e farisei, ipocriti! ...Guai a voi, guide cieche, che scolate il moscerino ma inghiottite il cammello! Di fuori apparite giusti agli uomini, ma dentro siete pieni d'ipocrisia e illegalità".

"Nessuno dovrebbe sentirsi obbligato a seguire una forma di religione che considera inaccettabile e a scegliere fra le proprie credenze e la propria famiglia" (rivista 'Svegliatevi!', luglio 2009, pagina 29).

Questa innegabile "perla", in teoria, è condivisa da tutte le organizzazioni religiose.

Nella pratica, invece, non è rispettata.

Neanche dall'organizzazione religiosa che l'ha pubblicata e diffusa in oltre 20 milioni di copie tramite la rivista 'Svegliatevi!'.

Nella teoria, sono tutti molto preparati e promossi, nella pratica, invece, sono tutti bocciati, soprattutto certi editori.

Forse è il caso che si "sveglino" quelli che gli danno retta...

Ci tengo, comunque, a precisare nuovamente che le religioni hanno un loro ruolo sociale.

*All'interno di **tutte** le religioni ci sono tante brave persone con buone qualità morali e grande altruismo.*

Non facciamo "di tutta l'erba un fascio"; è giusto ringraziare e lodare coloro che disinteressatamente fanno del bene al prossimo.

Nello stesso tempo, prestiamo grande attenzione a non violare il primo dei dieci comandamenti, come purtroppo sta facendo un'infinità di persone.

"La superstizione, l'idolatria, e l'ipocrisia percepiscono ricchi compensi, mentre la verità va in giro a chiedere l'elemosina" (Martin Lutero, teologo tedesco, riformatore religioso).

Fede genuina, superstizione o idolatria?

"La fede è…L'evidente dimostrazione di realtà, benché non vedute" (lettera di Paolo agli Ebrei, capitolo 11 verso 1).

È possibile avere "L'evidente dimostrazione di realtà non vedute"?

In linea generale possiamo dire di sì.

L'atmosfera, il vento e l'aria che respiriamo, pur invisibili, dimostrano di essere "realtà".

Gli astronauti che viaggiano oltre l'atmosfera terrestre e poi rientrano in essa lo sanno molto bene.

Anche i palombari che devono immergersi con le bombole d'aria per respirare lo sanno bene.

Quando sentiamo una ventata fresca in viso d'estate che ci fa respirare meglio, sappiamo bene che l'aria c'è, e ci piace pure.

Per non parlare poi delle foglie che si muovono per effetto dell'invisibile vento, o del mare che si increspa, "urla e biancheggia", "sotto il Maestrale".

I navigatori medioevali convinti della sfericità della terra pur non avendo i nostri mezzi, avevano questo tipo di fede, in quanto credevano in qualcosa di "reale", pur non avendo mai fatto viaggi spaziali.

Coloro che credevano che al di là delle Colonne d'Ercole finiva il mondo, non avevano questo tipo di fede, non si trattava di "realtà non veduta", ma di superstizione.

Circa 17 secoli prima della scoperta dell'America da parte di Cristoforo Colombo, frutto della corretta convinzione della sfericità della terra in contrasto con le convinzioni scientifiche dell'epoca, qualcun altro aveva già avuto questa "evidente dimostrazione": Eratostene di Cirene.

Aveva una tale "evidente dimostrazione" di questa "realtà non veduta" da riuscire a misurare, essendo un grande matematico, la circonferenza del pianeta Terra con notevole precisione.

Prima ancora di Eratostene, anche lo scrittore biblico Isaia aveva scritto riguardo alla sfericità della terra (oltre 2.700 anni fa, in Isaia capitolo 40 verso 22).

Oltre 3.500 anni fa Mosè descrisse "la Terra sospesa nel vuoto" proprio come possiamo vederla oggi tramite le foto satellitari (libro biblico di Giobbe, capitolo 26 verso 7).

Coloro che sostenevano che la Terra fosse di forma diversa e sostenuta da qualcuno o qualcosa, non avevano una "fede" basata su "l'evidente dimostrazione di realtà benché non vedute".

Credevano a narrazioni fantasiose non basate su fatti.

In tempi più recenti l'umanità ha scoperto l'esistenza di moltissime "realtà", benché "non vedute".

Microrganismi come batteri e virus, la cui scoperta ha permesso di neutralizzare molte malattie; onde elettromagnetiche, alla base di un incredibile progresso tecnologico; la microscopica cellula; l'atomo, ancor più microscopico, e le sue più microscopiche parti come protoni, elettroni, neutroni e così via.

Tutti questi "mondi" un tempo assolutamente invisibili, esistevano anche quando l'umanità era assolutamente all'oscuro della loro esistenza.

Chiunque ne ha anticipato la scoperta, ha avuto quel tipo di "fede" basata su "l'evidente dimostrazione di realtà benché non vedute".

Comunque, oltre alle realtà invisibili, esistono anche cose che si "vedono", ma sono irreali, semplici illusioni di abili illusionisti.

Nel 1806 una gallina cominciò a deporre delle uova con la scritta "Christ is coming" (Cristo sta arrivando).

Subito nel villaggio di Leeds, in Inghilterra, si diffuse la voce che la fine del mondo fosse imminente!

Grande fervore ovunque, finché si scoprì che si trattava di una "visibile irrealtà".

Una nota ciarlatana di nome Mary Bateman, che si spacciava per chiaroveggente, scriveva la profezia sulle uova e poi le reinseriva nell'oviodotto della gallina, alimentando così la superstizione popolare.

Gran parte dei "miracoli" descritti nel corso dei secoli sono stati dimostrati come manifestazioni di illusionismo di massa o abili imbrogli.

Di quelli non ufficialmente dimostrati falsi, non se ne è dimostrata neanche l'autenticità, anche se alcuni dei miracoli descritti dai vangeli sembrano autentici.

*Una utile indicazione per valutare l'autenticità delle cose "viste" possiamo averla esaminando **le motivazioni e gli effetti.***

Accrescono il potere e l'autorità di alcuni leader religiosi o politici?

Influiscono notevolmente sull'economia di certe comunità?

Un aspetto particolarmente scottante è l'argomento "fine del mondo".

Proclamazioni di fine del mondo accompagnate da "cose viste" ce ne sono state tante nel corso dei secoli.

Il fatto che, puntualmente, non si sono adempiute, indica che quelle "cose viste" non avevano nulla a che fare con la "fede, evidente dimostrazione di realtà".

In effetti la Bibbia parla di una "fine" e questo dà adito ad alcuni "furbacchioni" di tenere sulla corda a tempo indefinito quelli che li seguono, adattando le previsioni secondo i tempi e le circostanze.

*Il libro **"Dottrine controverse"**, ordinabile su Amazon, nella parte 7, **"La fine del mondo!"**, approfondisce un po' di più questo argomento, ma senza esagerare.*

Un piccolo suggerimento editoriale per vederci un po' più chiaro fra tante dottrine controverse

"Non ti devi servire del nome (o portare il nome, nota in calce TNM) del Signore (o YHWH, Jhavè, Geova, l'Eterno) tuo Dio in modo indegno, poiché chi lo farà non resterà impunito" (Libro biblico di Esodo, capitolo 20 verso 7).

Una folla di religiosi dovrebbe essere terrorizzata mentre legge queste parole.

La presunzione e l'ipocrisia, che contraddistinguono chi trasgredisce questo comando biblico, sono odiose per Colui che ha fatto scrivere la Sacra Bibbia.

Gesù l'ha evidenziato più volte nel rimproverare gli "scribi e farisei, ipocriti!".

Purtroppo i presuntuosi e gli ipocriti riescono, invece, a ingannare e "terrorizzare" i fedeli seguaci della loro congregazione (o chiesa).

Una costante di costoro è quella di scoraggiare lo studio e l'istruzione, armi preziose per proteggersi dagli inganni, soprattutto quelli religiosi.

Diffidiamo sempre di chi scoraggia dallo studio e dalle ricerche!

"Il settimo dice non devi rubare,
e questo io l'ho rispettato,
vuotando in silenzio le tasche ricolme
di quelli che avevan rubato.
Ma io senza legge rubai in nome mio,
quegli altri nel nome di Dio"
(Fabrizio De Andrè, cantautore).

Ci ricorda ancora il pensiero di Trilussa: "La serva è ladra, la padrona è cleptomane".

Quasi tutti i "potenti" che rubano, siano essi politici, industriali o religiosi, in qualche modo riescono a farla franca.

Rubano "nel nome di Dio" nel senso che "Dio" …Sono loro!

Il loro rubare sembra quasi un "segno di distinzione di classe superiore", da ammirare; "Che bravi!   Che furbi!   Che intelligenti!".

Per noi sono avidi, ipocriti e parassiti!

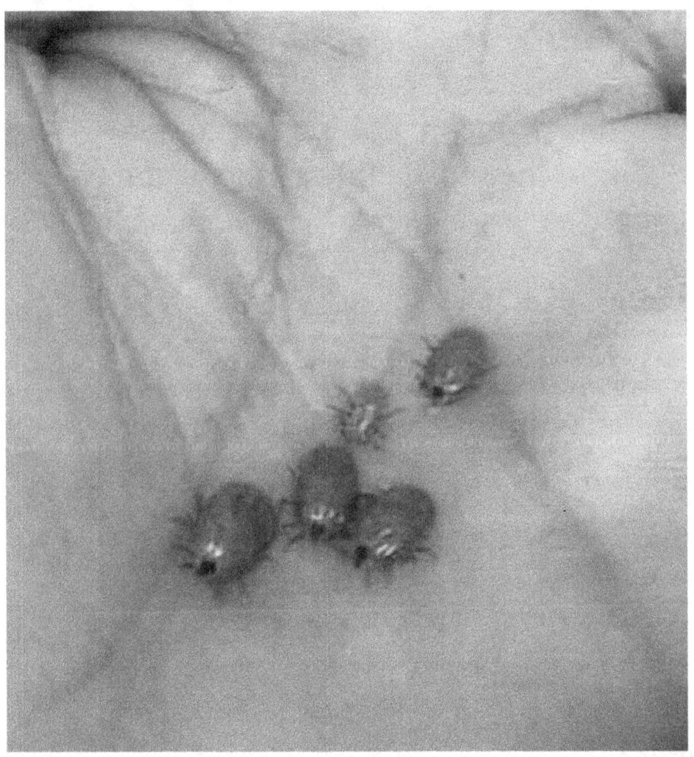

Famiglia di pericolosi parassiti

"Non devi assassinare" (Esodo capitolo 20 verso 13, Sacre Scritture).

"Se ammazzano i politici è perché hanno deciso di fare politica in proprio" (Paolo borsellino, magistrato antimafia, dopo l'omicidio del politico democristiano Salvo Lima il 12 marzo 1992).

Oggi questi fatti sono noti a tutti, ma lo erano anche 5, 10, 20, 30 anni fa; però l'informazione pubblica non aveva alcun interesse a far conoscere pubblicamente in che modo la mafia stava facendo "politica in proprio" e per mezzo di chi.

Ed è così ancora oggi!

"Mai gli uomini fanno il male così pienamente e allegramente come quando lo fanno per convinzione religiosa" (Blaise Pascal, matematico e filosofo francese).

Una realtà questa sperimentata dall'umanità sin dagli albori della sua esistenza.

Gli antichi egiziani, gli assiri, i babilonesi, i greci, i romani, tutte le denominazioni della cristianità, gli islamici, le religioni asiatiche, le religioni africane, insomma: tutte le religioni, hanno spinto a fare il male più pienamente a motivo delle convinzioni religiose, molto più rispetto a chi ha agito non per motivazioni religiose.

Questo anche in gruppi apparentemente pacifici.

IL fanatismo religioso ha causato molte sofferenze.

"Abbandoniamo i preti e torniamo a Dio. Costruiamo la moralità su fondamenta sacre ed eterne; ispiriamo nell'uomo quel rispetto religioso per l'uomo, quel profondo senso del dovere, che è l'unica garanzia della felicità sociale; nutriamo in lui questo sentimento attraverso tutte le nostre istituzioni e facciamo sì che l'istruzione pubblica sia diretta verso questo fine" (Maximilien Robespierre, politico, avvocato e rivoluzionario francese).

Questa "perla" di Robespierre conferma e sintetizza quanto abbiamo finora scritto sull'argomento.

Rilassati, Dio c'è! Ma non sei tu...

Parte terza
ISTRUZIONE

Acquerello di Rita Angelica

"Un albero senza foglie d'inverno aveva freddo.

Chiese a un amico mago di trasformarlo in una pecora, per potersi scaldare con la lana.

Venne, però, un lupo che voleva mangiarsi la pecora.

Il mago, allora, la trasformò nuovamente in albero.

Il lupo, arrabbiatissimo e affamato, si mangiò il mago" (la mia nipotina Malika al suo primo tema scolastico. Le maestre ancora ridono...).

Questa perla di saggezza, trasmessaci da una innocente fanciullina, è ricca di significato.

Quanti metaforici alberi, maghi, pecore e lupi si incontrano nella vita quotidiana!

Provate a fare mente locale ed a trovare le analogie quotidiane...

"Vi è mai capitato di dire o di sentir dire: "L'hanno detto al telegiornale" oppure" C'è scritto sul libro" o ancora "Se lo dice lui allora è sicuramente vero"? Bene, se vi è successo almeno una volta, allora avete esercitato o subito il principio di autorità, o ipse dixit" (Principio di autorità, Galileo e metodo scientifico, di Andrea Trioni).

La locuzione latina "ipse dixit" significa "lui stesso l'ha detto".

Compare in un'opera di Marco Tullio Cicerone nella quale, parlando dei "discepoli" di Pitagora in modo critico, ricorda come essi fossero soliti citare la loro somma autorità con questa espressione: "ipse dixit".

*Sull'argomento c'è moltissimo da dire e da approfondire e lo faremo, ma volendo semplificare al massimo una morale su questo argomento, bastano quattro parole di san Paolo: **"Accertatevi di ogni cosa"** (Sacra Bibbia, 1 Tessalonicesi capitolo 5* *verso 21), al fine poi di* **attenersi** *a ciò che si è* **provato** *essere corretto, non perché "ipse dixit".*

"La Repubblica promuove lo sviluppo della cultura e della ricerca scientifica e tecnica.

Tutela il paesaggio e il patrimonio artistico della nazione" (Costituzione della Repubblica Italiana, articolo 9).

In Val di Susa si lotta per la difesa del territorio

"L'ambientalismo senza lotta di classe è giardinaggio" (Chico Mendes, sindacalista, politico e ambientalista brasiliano)

Non c'è dubbio che il territorio della nostra nazione ha estremo bisogno di interventi per la "tutela del paesaggio e del patrimonio artistico".

La trascuratezza di chi ha governato in Italia nell'ultimo mezzo secolo ha causato immensi danni e, soprattutto, tremende tragedie che sono costate la perdita di innumerevoli vite umane.

Crollo del ponte Morandi a Genova, 43 morti

Sembra che diversi appartenenti alla classe politica siano molto più interessati a rovinare il territorio con opere inutili, in grado di "produrre" tante tangenti, piuttosto che in opere utili per la tutela del territorio, che ne ha tanto bisogno!

Se avete qualche dubbio a riguardo, fate una ricerca sulle opere inutili in Italia...

Negli ultimissimi anni, si era prestato un po' più ascolto all'articolo 9 della Costituzione italiana, con scelte governative volte allo sviluppo tecnologico e ambientale.

Anche la bozza del Recovery fund (che meritava ulteriori aggiustamenti al riguardo), preparata dal governo Conte 2, era indirizzata in tal senso.

La caduta del governo, come prevedibile del resto, ha fatto in modo di modificare al contrario il Recovery Plan: invece di migliorare ulteriormente l'aspetto sviluppo scientifico – tecnologico – ambientale, ha tolto risorse preziose per accontentare le lobby della Confindustria e gli speculatori.

Alcuni esempi: l'efficienza energetica passa dai 7 miliardi di euro del piano Conte ai 2 miliardi del governo Draghi.

Soltanto per 195 scuole è previsto un intervento di ristrutturazione, rispetto a 32.000 edifici aventi bisogno.

Dall'altro lato, grandi vantaggi concessi all'ENI, che pur avendo un fatturato di 70 miliardi di euro ed essendo, quindi, pienamente autosufficiente (con le entrate che vengono dagli utenti), potrà beneficiare ulteriormente di quasi un miliardo e mezzo di fondi pubblici, da utilizzare per un ambientalismo fasullo, di facciata.

Sulla rete idrica è previsto un investimento inadeguato rispetto alle necessità e alle perdite d'acqua che superano il 40%, con molti disagi e una notevole perdita economica.

Se veramente si vuole investire per un rientro economico, questo già sarebbe un buon sistema.

*Altro investimento con sicuro rientro economico è quello sulla rete fognaria e sulla depurazione delle acque reflue, dal momento che l'Italia ha una condanna da parte della corte di giustizia europea per la mancata depurazione delle acque reflue in Sicilia e in Calabria, che ci costa **decine di migliaia di euro al giorno**.*

Milioni di italiani vivono in luoghi altamente inquinati, ma sono stati completamente dimenticati.

Povera Costituzione italiana!

"AR TEMPO MIO"

Era facile gioca dà da ragazzino,
gnente Playstation, gnente telefonino…
bastava radunasse là vicino
pè giocà a' acchiapparella o a nasconnino.
Ginocchi e gomiti, aò! …sempre sbucciati;
majetta e carzoncini tutti logorati…
'na madre poi, ch'ogni vorta che s'arabbiava,
senza pensacce troppo, piava e te menava.
All'ora de magnà nun te faceva mica 'no squillo,
ma: "aò… viè su ch'è pronto!" era lo strillo…
"E sbrigate a venì su, sinnò so' botte!",
'n boccone, Carosello e bonanotte!
(Anonimo romano)

"**Prima** di **avviare** la bocca, la lingua e le corde vocali, **accertarsi** che il cervello sia collegato" (Anonimi vari).

Questa nota perla di saggezza popolare, ha molte applicazioni quotidiane che si possono fare.

Per esempio, che dire di questa affermazione fatta da un deputato ed euro parlamentare:

"Se si ammala un lombardo, vale di più che se si ammala una persona di un'altra parte d'Italia" (Angelo Ciocca, eurodeputato).

A questa affermazione ne ha poi aggiunta un'altra:

"Più malati in altri paesi perché sono più sporchi".

Lo ringraziamo per la "chicca" istruttiva.

Dobbiamo concludere pertanto che, dal momento che la Lombardia ha il record mondiale di contagiati e di morti per covid-19, i lombardi sono proprio degli "zozzoni"?

Non sarebbe il caso di "collegare il cervello" prima di avviare la bocca?

"Ho imparato ad amare e a non odiare" (Liliana Segre).

Non si nasce "imparati" in questo, anche se tutti abbiamo il potenziale genetico per farlo.

Fare tesoro degli insegnamenti biblici certamente aiuta ad imparare ad amare e a non odiare, ma confidare nella religiosità per essere aiutati in questo espone a cocenti delusioni.

Molti religiosi hanno stimolato l'esatto contrario rispetto a quanto imparato da Liliana Segre.

L'ipocrisia nella religione è diffusa quanto nella politica.

Un aiuto istruttivo al riguardo può arrivarci da quanto afferma la Bibbia sull'amore, a prescindere da quanto possiamo considerarla autorevole e ispirata.

Amare il prossimo è considerato fondamentale per garantire il progresso ed il benessere dell'umanità.

Naturalmente bisogna avere le idee chiare su cosa significa veramente amare poiché non tutti l'hanno.

Molti lo confondono con l'attaccamento maniacale, con l'attrattiva romantica o sessuale, col desiderio di possesso, con qualcosa che deve inevitabilmente finire, con la giustificazione della violenza o altro ancora.

Proviamo ad analizzare alcuni istruttivi brani della prima lettera scritta da San Paolo ai cristiani di Corinto.

Nel capitolo 13 di questa lettera viene evidenziato che la mancanza di amore annulla il valore di tanti "doni di natura" che si possono avere in vari campi, perfino lo spirito di sacrificio.

Poi specifica cosa l'amore "è" e cosa "non è".

È "paziente", cioè disposto a moderazione, tolleranza o sopportazione (Devoto Oli), specialmente nei rapporti umani o sociali.

È "benigno", disposto amorevolmente alla bontà, alla comprensione, all'indulgenza, che manifesta attivamente e con premura verso il prossimo, non certo passivamente o con svogliatezza.

"Non è geloso", il che non si applica alla cura attenta e affettuosa, scrupolosamente protettiva, verso ciò che si considera prezioso, ma si applica sia alla gelosia oppressiva nei confronti di chi ne è l'oggetto, che spinge volerne assumere il totale possesso, a

volte con reazioni violente quando questo possesso sembra minacciato, sia all'invidia per i successi materiali, sociali o sentimentali di altri.

"Non si vanta, non si gonfia": non ha amore chi agisce in modo tale da mettersi su un piedistallo, chi parla continuamente dei propri successi o presunti tali, magari godendo sottilmente quando riesce a suscitare invidia o gelosia.

Soprattutto sotto l'aspetto sentimentale non ha amore chi si vanta delle proprie conquiste con gli amici o le amiche.

Diverso è rallegrarsi con gli amici per aver trovato quello che si pensa essere l'amore della propria vita.

"Non si comporta indecentemente"; chi ha amore non si concentra sul proprio piacere, sul proprio "diritto alla libertà", senza tenere conto degli altri, soprattutto dei loro sentimenti.

"Non cerca i propri interessi".

L'altruismo è alla base dell'amore, l'egoismo non ha niente a che fare con l'amore.

"Non si irrita": irritarsi con facilità quando le cose non vanno come vorremmo non è un buon segno, come pure dare facilmente in escandescenza quando si è contrariati.

"Non tiene conto del male".

Ci sono parenti consanguinei che riescono a non parlarsi per decenni per una sgarbatezza subita.

Un po' d'amore appianerebbe tante vecchie questioni.

Infatti, "L'amore copre ogni cosa", addirittura, copre "Una moltitudine di peccati" (prima lettera di Pietro, capitolo 4 verso 8).

Quanti problemi si potrebbero evitare con un po' d'amore.

Inoltre "l'amore non viene mai meno"; non di rado, davanti a una grave malattia in famiglia, c'è chi codardamente e senza amore, si allontana.

Chi ha amore vero non lo fa, costi quel che costi.

Anzi, con il passare del tempo l'amore aumenta, insieme ai capelli grigi e agli acciacchi.

"Non si rallegra dell'ingiustizia ma si rallegra della verità": agire in modo disonesto, ma per favorire amici, famigliari o parenti, per far aver loro dei vantaggi o per sottrarli alle conseguenze delle loro azioni, non ha niente di nobile e amorevole.

Dove c'è ingiustizia e menzogna non può esserci amore, benché alcuni cerchino giustificazioni sentimentalistiche alle loro trasgressioni.

Certamente sull'argomento ci sarebbe ancora molto da dire.

Spero che il poco che abbiamo trattato possa essere di qualche utilità, magari da stimolo per ulteriori riflessioni.

Non si finisce mai d'imparare...

"Cerco un centro di gravità permanente, che non mi faccia mai cambiare idea sulle cose, sulla gente" (Franco Battiato, musicista e cantautore).

Questa "perla" del maestro Franco Battiato non è la più preziosa del suo repertorio, ma probabilmente la più conosciuta.

Non va intesa come la testarda determinazione a non cambiare opinione neanche davanti all'evidenza, pur di salvare la faccia.

Piuttosto, va intesa come la determinazione a non "cambiare" le proprie convinzioni morali, a non farsi corrompere per convenienza od opportunismo, come chi si prostituisce.

Franco Battiato, maestro di musica e cantautore

Destò grande scalpore questa affermazione di Battiato al Parlamento europeo, con riferimento al Parlamento italiano: "Queste troie che stanno in Parlamento farebbero qualsiasi cosa. È una cosa inaccettabile. Aprissero un casino".

Lo accusarono fraintendendo (credo volutamente, perché diceva la verità) di becero sessismo e di populismo antipolitico.

Soprattutto alcuni politici, uomini e donne, furono spietati nei loro giudizi.

A nulla è valso spiegare che sessismo e antipolitica non c'entravano affatto, che si riferiva ai politici, più uomini che donne che, come del resto noto a gran parte degli italiani, si vendono come meretrici al miglior offerente (questo il senso dell'espressione "troie").

Solo pochi mesi dopo fu cacciato da assessore alla cultura della Regione Sicilia, sua terra natale, per ordini "superiori".

Se volevano dimostrare che Franco Battiato aveva ragione, ci sono riusciti in pieno.

"La superbia parte a cavallo e torna a piedi" (antico detto popolare).

Questa pessima qualità è grandemente diffusa.

Soprattutto fra i "poteri forti", compresa l'informazione pubblica.

Molti personaggi non riescono proprio a correggersi, nonostante l'esperienza.

L'unica cosa che riescono a fare è cercare di affinare l'arte di agire in modo disonesto riuscendo a farla franca, apparentemente.

"Se perdo il referendum, lascio la politica" (Matteo Renzi, ex Presidente del consiglio).

Referendum perso, promessa non mantenuta.

L'altro Matteo, Salvini, l'ha superato facendo cadere il governo, inebriato dai sondaggi elettorali, per poi cercare inutilmente di trovare la leva di retromarcia.

Senza vergogna.

Questo antico detto popolare è prezioso, istruttivo, non trascuriamolo.

Nessuno è esente dal rischio di "partire a cavallo e tornare a piedi".

Pensierino del mattino

"Eliminando i controlli sugli appalti, vogliono 'togliere il freno all'economia'. Proprio come la funivia di Stresa".

Quanta fantasia hanno i politici e gli economisti imbroglioni per continuare a truccare, corrompere e truffare con parvenza di legalità, per la gioia dei loro "compari" di mafia, 'ndrangheta e camorra.

La mancanza di tale "freno" in passato ha causato molti morti disperati, proprio come la mancanza del freno della funivia del Mottarone, presso Stresa.

Ci sono troppe "menti raffinate" ancora in circolazione, la caduta del governo Conte sta loro restituendo libertà d'azione.

Italiani, ci cascherete ancora?

Siamo tutti Charlie Brown?

"I diritti parlano, sono lo specchio e la misura dell'ingiustizia, e lo strumento per combatterla. Solo perché sappiamo che vi è un diritto violato possiamo denunciarne la violazione, **svelare l'ipocrisia di chi lo proclama sulla carta e lo nega nei fatti**, far coincidere la negazione con l'oppressione, agire perché alle parole corrispondano le realizzazioni" (Stefano Rodotà, giurista, uno degli autori della Carta dei diritti fondamentali dell'Unione Europea approvata nel dicembre 2000).

Splendida istruttiva "perla" di applicazione pratica del Diritto.

Molti politici disonesti e i loro protetti sono artisti nel "proclamare sulla carta quanto negato nei fatti"; costoro, quando non riescono più a cancellare o nascondere le loro trasgressioni e ingiustizie, provano a cancellare o annacquare il Diritto.

Fra gli organi d'informazione ci sono ben pochi "cani da guardia" del potere, mentre abbondano i "cani da riporto", desiderosi di compiacere i potenti padroni, al punto di modificare nei loro scritti perfino le leggi e i termini giuridici (per esempio, la prescrizione che diventa assoluzione, i corrotti e corruttori, persino responsabili di stragi, fatti passare per perseguitati dal "giustizialismo" e così via).

Come diceva 3.000 anni fa il saggio re Salomone, "molti sono gli amici del ricco".

La storia si ripete, e quando si ripete, aumenta il conto da pagare.

Stefano Rodotà, grande giurista italiano

"E' un attacco fatto alla città (*Roma, n.d.r.*), alla sindaca, fatto usando il nome di mio padre" (Carlotta Proietti, figlia del grande maestro Gigi Proietti).

Quando una pregiata ostrica viene irritata, produce una splendida "perla", come l'espressione chiara e garbata di Carlotta Proietti (a differenza di tanti palloni gonfiati che quando vengono "punzecchiati" … esplodono).

Quale fattore irritante ha prodotto la "perla" di Carlotta Proietti?

Si è trattata di una notizia pubblicata dal quotidiano 'Repubblica': "Roma non trova posto alle ceneri di

Proietti", con relative accuse velenose alla sindaca di Roma Virginia Raggi (Repubblica, 26 maggio 2021).

*Carlotta Proietti, a nome della sua famiglia, ha precisato su Facebook il giorno dopo: **"La notizia data da 'Repubblica' è una fake new"**, deplorando poi il fatto che sia stato usato il nome di suo padre per calunniare la sindaca di Roma.*

La successiva tonante affermazione di Repubblica del 28 maggio ("Il nostro dovere è raccontare i fatti"), senza alcuna vergogna e senza scuse alla sindaca di Roma e alla famiglia Proietti, ha il tipico suono del 'pallone gonfiato punzecchiato'.

Dopo questi "fatti" contorti, non mi aspetto proprio di trovare "fatti" veri su Repubblica, al massimo opinioni personali insieme a false notizie.

Cercherò qualcosa di meglio da leggere...

Il maestro Gigi Proietti con le figlie Susanna e Carlotta

Gigi Proietti con la sua compagna Sagitta

 "Tutti hanno diritto di manifestare pubblicamente il proprio pensiero con la parola, lo scritto e ogni altro mezzo di diffusione.

La stampa non può essere soggetta ad autorizzazioni o censure.

Si può procedere a sequestro soltanto per atto motivato dall'autorità giudiziaria nel caso di delitti per i quali la legge sulla stampa espressamente lo autorizzi, o nel caso di violazione delle norme che la legge stessa prescriva per l'indicazione dei responsabili" Costituzione della Repubblica italiana, articolo 21).

Senza tanti mezzi termini, l'azione della RAI di censura nei confronti dello "yutuber" Fedez è stata una violazione della Costituzione, "censurabile", questa sì, e perseguibile legalmente.

C'è da chiedersi perché la RAI, organo di Stato al servizio di TUTTI i cittadini, abbia agito come se fossimo sotto un regime dittatoriale.

Una forma di "dittatura" dell'informazione?

C'è da indagare per saperne di più...

"La legge può stabilire, con norme di carattere generale, che siano resi noti i mezzi di finanziamento della stampa periodica" (costituzione della Repubblica italiana, articolo 21 paragrafo 5).

Sorge la domanda: come, dove, quando e in quali circostanze la legge stabilisce "che siano resi noti i mezzi di finanziamento della stampa periodica"?

I fatti mostrano che in Italia, per quanto riguarda l'informazione pubblica, di editori di professione ve ne sono ben pochi.

Quasi tutti i mezzi di informazione sono comandati da politici e industriali di vari settori, che ben poco hanno a che fare con l'editoria, ma hanno fortissimi interessi politici e industriali.

Il "conflitto di interessi" sembra chiaramente evidente!

Possibile che la legge lo permetta?

Perfino alla RAI, organo di Stato al servizio dei cittadini, che è fortemente sotto il controllo dei partiti politici?

Mi sento ignorante, non riesco a capire, ho l'impressione che questo punto della Costituzione sia da chiarire meglio e che "lo spirito" della Costituzione nel suo insieme non sia rispettato...

"Peccato per la targa, il resto della cerimonia è andato bene. La Raggi ha speso belle parole, mia madre ha pianto commossa da casa" (Claudio

Ciampi, figlio di Azeglio Ciampi, che fu governatore della banca d'Italia e presidente della Repubblica italiana).

Questa garbata espressione di Claudio Ciampi è stata riportata da "Il foglio" in una intervista in occasione della cerimonia per una targa in onore dell'ex presidente della repubblica.

Il "peccato per la targa" è dovuto al fatto che il nome 'Azeglio' è stato inciso senza la 'g': "Azelio".

È vero che "a Roma buro e guera co' una ere, co' due ere è erore", ma qui manca una "g" e, soprattutto, il sindaco di Roma si chiama Virginia Raggi.

Come ha reagito la stampa nazionale?

Il comico Enrico Montesano direbbe: "'n' Apocalisse!!".

Alcuni hanno scomodato perfino le prime pagine dei loro giornali per scatenare, di fatto, una propaganda politica contro la sindaca di Roma, con abbondanza di scherni e critiche velenose.

Del resto lo disse anche Gesù: "Dell'abbondanza del cuore la bocca parla (e la penna scrive)".

Ma "perbacco!", direbbe il presidente campione del mondo Pertini, "Il presidente della Repubblica Cossiga, era pure lui un ignorante quando nel 1989, su un documento che ancora si può leggere nell'archivio della presidenza della Repubblica, fra i suoi impegni scrisse: "Ore 11: Dott. Carlo Azelio Ciampi", senza la 'g'.

Nessuno ne sarebbe mai venuto a conoscenza, senza l'insurrezione popolar giornalistica contro Virginia Raggi.

Così siamo stati anche informati che quattro presidenti della repubblica succedutisi non hanno corretto l'"obbrobrio" linguistico: Scalfaro, lo stesso Ciampi, Napolitano e Mattarella.

Evidentemente nessuno di loro aveva motivo di preoccuparsi: chi poteva mai azzardarsi a criticarli?

Piuttosto avrebbero fatto correzioni all'anagrafe per adeguarsi.

Diversamente da loro la sindaca di Roma di nemici ne ha tanti.

Buon segno.

Forza Virginia, a quanto pare, sei molto temuta!

Che commento possiamo fare sulla stampa nazionale?

Meglio stendere un velo pietoso...

"Con Brusca lo Stato ha vinto tre volte; ha vinto quando lo ha arrestato perché era e resta uno dei peggiori criminali della nostra storia. Ha vinto quando lo ha convinto a collaborare; ha vinto quando ne ha disposto la liberazione dopo 25 anni di carcere mandando un segnale ai mafiosi" (Pietro Grasso, ex procuratore antimafia).

Senza l'aiuto dei pentiti la lotta alla mafia sarebbe stata molto più difficile.

Per questo quello che è stato definito il "lodo Falcone" si può definire una "perla" di giurisprudenza.

Coloro che sono particolarmente critici, cogliendo l'occasione per fare propaganda politica, sono gli stessi che si stanno impegnando per dare benefici ai criminali non pentiti, rendendo per loro ininfluente collaborare o meno con la giustizia.

Come risultato, diminuirebbero drasticamente i criminali disposti a collaborare.

Del resto, quando dei mafiosi hanno collaborato, diversi "rifugiati" nella politica sono stati smascherati.

Chi ha paura dei pentiti che sanno "cantare bene" come Tommaso Buscetta?

Ho l'impressione che diversi politici preferiscano gli "stonati", dei quali non si capisce bene quello che "cantano".

Notate il pensiero di un esperto giudice:

"Deve ritenersi legittima la presunzione assoluta di **'pericolosità' sociale del reo nel caso di sua mancata collaborazione** che rappresenta l'unica ipotesi, certa, effettiva e concreta, di rottura dei collegamenti con l'organizzazione criminale di provenienza" (Antonio Esposito, magistrato e giudice).

Questa "perla" giuridica esposta dal giudice Esposito evidenzia quanto sia potenzialmente molto dannoso dare benefici carcerari a chi non collabora.

Per almeno due motivi: si dà libertà di azione a persone pericolose per la società; non facilita la collaborazione, molto preziosa nella lotta alla criminalità organizzata.

Gli unici che hanno tutto da guadagnare sono i collusi con la criminalità organizzata.

È bene che gli italiani lo tengano presente quando devono scegliere i loro rappresentanti politici.

"In quel profetico "o noi o loro" di Beppe Grillo, c'era il senso più profondo della nostra battaglia: "loro" erano tutti gli altri, l'establishment *(per chi non mastica l'inglese, si riferisce a persone potenti e autorevoli che dettano legge nei campi più svariati, n.d.r.).* Un sistema compatto, nemico degli italiani onesti. Politici, media e le più potenti famiglie imprenditoriali. Un sistema pieno di sfumature diverse e sottili. Dentro questo gigantesco organigramma che allungava i propri tentacoli ovunque, c'era chi cercava soldi, chi potere, chi entrambi. E lo strumento per ottenerli era uno solo: il consenso. Il consenso conferiva potere e il potere generava denaro. Per creare consenso politico si era dato vita a una **mostruosa rete di informazione** dove politica e interessi industriali si fondevano. I politici chiedevano favori alle lobby *(gruppo di manovratori delle grosse imprese intrecciate con i politici, n.d.r.)* e le lobby chiedevano favori ai politici. Se stavi all'interno di questo sistema eri protetto: il politico lo era nella sua reputazione, la lobby nei propri interessi speculativi. Se ne rimanevi fuori, invece, dovevi soccombere. Io ne sono stato, e ne sono tuttora, completamente fuori. Volontariamente e con tutte le mie forze. Per questo avevo il destino già segnato: massacrato dal sistema del potere mentre facevo il bene del paese. Avrebbero potuto offrirmi la luna ma avrei rifiutato sempre, e loro lo sapevano. Il sistema era in grado di raccontare ciò che voleva alla gente:

bastava avere politici all'interno dei giornali e dei colossi industriali" (Danilo Toninelli, senatore, ex ministro delle infrastrutture nel governo Conte 1).

"Perla" istruttiva di testimonianza diretta che aiuta a capire cosa c'è dietro le cose inspiegabili che avvengono in Italia.

Purtroppo, a motivo della "mostruosa rete di informazione", sono troppo pochi gli italiani che se ne rendono conto.

*Dall'altro lato, sono invece **troppi** quelli disposti a vendersi la dignità per vantaggi personali e che contribuiscono alla **mostruosa rete di informazione.***

Che squallide persone si arrogano il diritto di informare e istruire gli italiani...

"Nulla è più duro d'una pietra e nulla è più molle dell'acqua. Eppure la molle acqua scava la dura pietra" (Publio Ovidio Nasone, Scrittore e poeta latino).

Questa perla di Ovidio fa venire in mente la grande qualità della mitezza, spesso sottovalutata se non addirittura schernita come "molle" indice di debolezza.

Al contrario la mitezza, come l'acqua, è in grado di scavare la dura pietra.

Non è debolezza, perché essere miti non significa rinunciare ai propri principi e valori, piuttosto chi è mite riesce più facilmente a farli rispettare e accettare anche a chi è un "osso duro".

Provare per credere.

È anche vero, però, che "contro la stupidità umana nulla possono neanche gli dei" (Friedrich Schiller, poeta, drammaturgo e storico tedesco).

"Il punto dolente è la stampa 'mainstream' *(principalmente in voga, n.d.r.),* che ha condotto il gioco al massacro in maniera ostinata, ripetitiva, ininterrotta. Il suo comportamento dovrebbe essere studiato nelle scuole e nelle accademie come esempio terribile di un suicidio della vocazione giornalistica, di un tradimento della propria ragion d'essere. Sugli schermi televisivi e sulle pagine dei giornali abbiamo visto sfilare in questi anni non giornalisti commentatori, ma politicanti muniti di penna e parlantina. Non il quarto potere *(cioè il potere dell'informazione e dell'inchiesta, n. d. r.)* ma il potere esercitato dalle industrie editoriali" (Barbara Spinelli, Giornalista e scrittrice).

*I potenti padroni della politica e dell'industria **hanno imposto agli organi d'informazione il tradimento della loro missione pubblica** per favorire la corruzione privata.*

Questa è la conclusione alla quale giunge chiunque, come Barbara Spinelli, si informi correttamente sull'operato dell'informazione pubblica, stampa e televisione, particolarmente nei confronti dei governi Conte 1 e Conte 2.

L'onesta intellettuale è un'illustre sconosciuta, soppiantata dalla sindrome del 'Marchese del

Grillo': "Io so io, e voi non contate un 'bip', e guai a chi si lamenta!".

Mentire al popolo italiano, "cari" politici, industriali e pseudo giornalisti**, è un grave reato**.

Spero che qualcuno, prima o poi, vi presenti il "conto" da pagare.

Ho appena iniziato a leggere questo libro

Promette bene

"Più dell'elettricità che fa luce nelle tenebre, più delle onde eteree che permettono alla nostra voce di attraversare lo spazio, più di qualunque energia che l'uomo abbia scoperto e sfruttato, conta l'amore: di tutte le cose esso è la più importante" (Maria Tecla Artemisia Montessori, educatrice, neuropsichiatra infantile e scienziata).

Concludo questa parte sull'istruzione con questa "perla" di Maria Montessori, la più rivoluzionaria ed efficace educatrice per l'infanzia del ventesimo secolo.

Alle pagine da 113 a 116 di questo libro, nel commentare una "perla" di Liliana Segre, abbiamo esaminato come la Bibbia ci aiuti a comprendere il valore di questa qualità umana e di come contribuisca alla riuscita in imprese altrimenti impossibili.

Questo è il segreto del successo di Maria Montessori e di tanti altri.

Maria Montessori e i suoi alunni

Parte quarta
SALUTE FISICA E MENTALE

"La vita ci insegna che bisogna sempre volare in alto, più in alto dell'invidia, più del dolore, della cattiveria. Più in alto delle lacrime, dei giudizi. Bisogna sempre volare in alto, dove certe parole non possono offenderci, dove certi gesti non possono ferirci, dove certe persone non potranno arrivare mai" (Alda Merini, Poetessa e scrittrice di Milano, Italia)

<u>acquerello di Rita Angelica</u>

Volare in alto,
come antidoto alla sofferenza.

Quando la salute mentale non assiste.

Quando gli affetti sono lontani.

Vedi l'orrore del manicomio,

detto clinica per malati di mente.

Vedi l'orrore di chi approfitta del proprio potere

per umiliare chi non può difendersi,

Chi non ha nessuno che le difenda.

Volare in alto perché hai dei figli che ti amano

Che non si vergognano di te

anche se alcuni ti chiamano matta.

Volare.

È Vero, certe persone lassù

non potranno mai arrivare.

(Dedicata alla memoria di Alda Merini).

"Molte persone hanno insistito perché brevettassi il mio vaccino antipolio, ma io non volevo. È un regalo a tutti i bambini del mondo…Un esperto di virus ha il dovere di usare le sue conoscenze per il bene dell'umanità" (Albert Bruce Sabin, medico e virologo polacco, naturalizzato statunitense, famoso per aver sviluppato il più noto vaccino contro la poliomelite).

Il nome di Albert Sabin torna prepotentemente alla ribalta a motivo della grave pandemia di coronavirus che l'umanità sta affrontando e dei problemi legati alla carenza di vaccini.

In Italia c'è un "braccio di ferro" tra politici che appoggiano le industrie farmaceutiche e politici che sostengono la necessità della liberalizzazione dei vaccini per permettere l'accelerazione delle vaccinazioni.

Le parole di Albert Sabin, vere "perle" di saggezza, sono più che mai attuali: "Un esperto di virus ha il dovere di usare le sue conoscenze per il bene dell'umanità".

Albert avrebbe potuto diventare molto ricco grazie al suo vaccino contro la poliomelite, ma si è accontentato di vivere del suo stipendio, per fare "un regalo a tutti i bambini del mondo".

I politici nostrani sono molto abili a cambiare le carte in tavola per far sembrare corrette le scelte che non sono "un regalo" per le persone più fragili.

La lingua sciolta non manca loro, e l'incapacità di mostrare vergogna fa il resto.

Nei momenti difficili viene fuori la vera natura delle persone: riuscite a scorgerla bene?

"Nessuno psicologo si è imbucato per farsi vaccinare. **Forse è il caso che il governo informi sé stesso**" (David Lazzari, presidente del consiglio nazionale dell'ordine degli psicologi).

Perché possiamo definire questa espressione del dottor Lazzari una "perla"?

Ebbene, nel corso di una conferenza pubblica molto attesa, il Presidente del Consiglio dei ministri italiano Mario Draghi ha rimproverato con calore e sentimento quelli che saltano la fila per le vaccinazioni, indicando in modo particolare un medico psicologo di 35 anni.

Il dottor David lazzari ha affermato: "Nessuno di noi ha mai chiesto di avere privilegi o corsie preferenziali.

È stato il governo a decidere le priorità vaccinali.

Molti mesi fa ha deciso che fossero vaccinati gli operatori sanitari, prima i più esposti e poi via via tutti gli altri, compresi noi psicologi.

Poi il 1° aprile è stato proprio il governo Draghi a rendere, per decreto, il vaccino ai sanitari - tutti, compresi gli psicologi – non più un'opzione, ma addirittura un obbligo, esteso a tutti gli iscritti ai diversi Ordini sanitari *(per i trasgressori prevista la perdita dello stipendio fino a dicembre, n.d.r.).*

Le priorità le ha dunque dettate tutte il governo, noi non abbiamo chiesto alcun privilegio.

Io stimo Draghi e sono convinto che sia un ottimo tecnico, ma questa volta è stato evidentemente mal consigliato con un esempio inappropriato.

Ricordiamo che la vaccinazione ai sanitari, dunque anche agli psicologi, è realizzata non per proteggere i sanitari, ma gli utenti, le persone, bambini e adulti, da loro seguiti.

E non ci sono solo gli psicologi del Servizio sanitario nazionale, ma anche migliaia di psicologi e psicologhe che lavorano nella scuola per sostenere il disagio determinato da un anno di scuole chiuse; migliaia di psicologhe e psicologi che lavorano con soggetti fragili, bambini diversamente abili, con problemi di sviluppo e con le loro famiglie; migliaia di psicologhe e psicologi che lavorano con gli anziani, nelle Rsa, con i malati oncologici, con persone che soffrono di patologie croniche, nel fine vita.

Sono decine di migliaia di professionisti della salute psicologica che, vaccinati, proteggono non se stessi, ma i bambini, i giovani, le donne, gli uomini, gli anziani che stanno aiutando e che non sono vaccinati o non possono esserlo".

*Non c'è dubbio che, in questo contesto, l'espressione: **"Forse è il caso che il governo informi sé stesso"**, è una "perla" di saggezza che merita di essere presa in considerazione.*

Cosa fa l'informazione pubblica?

La grande maggioranza degli organi d'informazione su questa vicenda non ha detto nulla di quanto esposto dal dottor Lazzari, anzi, hanno osannato con entusiasmo "l'urlo di Draghi", forse accecati dall'"aureola" di santità.

Non fanno nessun favore al Presidente del Consiglio Mario Draghi non dicendogli che ha "sbagliato porta, facendo autogol", né, soprattutto, alla nazione.

Cosa avrebbero fatto se come Presidente del consiglio ci fosse stato il professor Giuseppe Conte?

È chiaro che gran parte degli organi d'informazione sono al servizio di chi voleva agguantare a tutti i costi i soldi del "Recovery Fund", meta che sembra ormai raggiunta con il nuovo governo Draghi e con molti 'mangioni' del passato tornati al governo, nonostante abbiano straperso le elezioni del 2018.

È cattiveria augurar loro che qualche 'boccone' gli vada di traverso?

"Il Parlamento europeo ha perso la storica occasione di dimostrare a tutto il mondo che la salute dei cittadini viene prima dei profitti e degli interessi delle case farmaceutiche" (Tiziana Beghin, europarlamentare).

Perché questa "perla" dell'europarlamentare Tiziana Beghin?

Al Parlamento europeo sono stati presentati due emendamenti; l'emendamento che definisce i vaccini "beni pubblici mondiali garantiti a tutti" e quello che invita l'Unione europea a" sostenere l'iniziativa di India e Sudafrica" volta a far sospendere temporaneamente i "diritti di proprietà intellettuale", per dare sostegno alle nazioni maggiormente in difficoltà a causa di questa pandemia.

Il parlamento europeo ha bocciato entrambi gli emendamenti.

Quale posizione hanno assunto gli europarlamentari italiani presenti?

Se tutti avessero votato a favore, gli emendamenti sarebbero passati, mostrando a tutto il mondo un modello di grande progresso e civiltà.

Purtroppo solo il M5S e il PD, partito di Tiziana Beghin, hanno votato a favore.

Gli altri tre grandi partiti italiani hanno così votato: uno contro (FI), gli altri due astenuti (Lega e FdI).

Una grossa delusione questa, poiché nella loro propaganda Lega e FdI sfoggiano con calore la loro disapprovazione per le speculazioni delle aziende farmaceutiche.

Propaganda che consente loro di accrescere il consenso popolare.

Le cose cambiano molto quando lo devono dimostrare all'atto pratico; come si fa, del resto, ad andare contro le lobby farmaceutiche...

Questo però, secondo il dizionario della lingua italiana si chiama "ipocrisia".

È proprio vero: "fra il dire e il fare, c'è di mezzo il mare".

Oppure, come disse lo scorpione alla rana, nel pungerla mortalmente: "questa è la mia natura".

Mettiamoci l'anima in pace...

"Dovete sapere che i virus sono terribili, ma hanno un tallone d'Achille. Sono feroci come lupi affamati, ma vengono sconfitti dal gregge, quando il gregge si procura l'immunità" (Roberto Burioni, medico virologo).

Questa "perla" del dottor Burioni, condivisa dalla stragrande maggioranza degli studiosi, evidenzia l'importanza delle vaccinazioni.

D'altra parte, sui social network, proliferano le associazioni no-vax, sostenute da alcuni studiosi.

Questi schieramenti contrapposti spesso dimenticano le buone maniere assumendo posizioni estremiste ed eccedendo in espressioni drastiche come "mai", "sempre", "tutti" o "nessuno", che dovrebbero essere usate con attenzione e parsimonia e sempre nel rispetto delle opinioni altrui.

Fatta questa premessa, esaminiamo i fatti prima di trarre le conclusioni.

Prendiamo in esame il funzionamento del programma vaccinale in Europa, Gran Bretagna, Usa, e Israele al 2 maggio 2021 e come questo ha influito nella lotta al virus covid-19.

Prendendo in esame le singole dosi somministrate per 100 abitanti alla data del 2 maggio 2021, la media dell'UE è di 33,7 dosi, pari a un terzo degli abitanti.

L'Italia è al nono posto, lievemente al disopra della media complessiva con 34,33 dosi somministrate ogni cento abitanti.

Notevolmente avanti rispetto all'Ue sono Israele (120,83 dosi somministrate per cento abitanti), USA (73,43 su cento) e Regno Unito (73,41, ai quali da aggiugere i vaccinati del 2 maggio).

Prendiamo in considerazione ora i morti per covid-19 nell'ultima settimana;

ISRAELE: MEDIA GIORNALIERA 1 (UNO).

Regno Unito: media giornaliera 10 (dieci).

Italia: media giornaliera 238 (duecentotrentotto).

Ora confrontiamo questi tre dati con i dati relativi ai vaccini effettuati.

ISRAELE: vaccinazioni fatte, 120,83 ogni cento persone; media giornaliera morti per covid-19, uno.

Regno Unito: vaccinazioni fatte, 73,41; media giornaliera morti per covid-19, dieci.

Italia: vaccinazioni fatte, 34,33; media giornaliera morti per covid-19, duecentotrentotto.

I numeri sembrano parlare chiarissimo, ma c'è il rischio che anche davanti all'evidenza alcuni non cambieranno opinione.

Tutti siamo comunque tenuti a rispettare quanto segue:

"La Repubblica tutela la salute come fondamentale diritto dell'individuo e interesse della collettività, e garantisce cure gratuite agli indigenti. Nessuno può essere obbligato a un determinato trattamento sanitario se non per diposizione di legge. La legge non può in nessun caso violare i limiti imposti dal rispetto della persona umana (Costituzione della Repubblica Italiana articolo 32).

Sembra evidente che la scelta personale sulla vaccinazione non influisce solo sul singolo individuo, ma sulla collettività.

Chi decide di non vaccinarsi, non può pretendere di svolgere attività che lo portino a stretto contatto con altri, almeno fino a quando non si sia raggiunta l'"immunità di gregge"(grazie alle massicce vaccinazioni altrui).

La nostra libertà trova il suo limite massimo quando va ad intaccare la libertà degli altri.

"Me so' magnato er fegato e quello che c'è intorno" (Luigi Proietti, attore, cabarettista, regista e direttore artistico).

Questa "perla" di Gigi Proietti non si applica solo alle disavventure sentimentali e matrimoniali.

"Er fegato e quello che c'è intorno" ce lo fanno danneggiare in tantissimi modi.

La restituzione dei vitalizi ai condannati per corruzione e truffa ai danni dello Stato e degli italiani, che effetto fa sugli italiani che fanni i salti mortali per tirare avanti con stipendi e pensioni da fame?

Che dire dei senatori che fanno finta di essere contrari a questa vergognosa restituzione dei vitalizi, dopo essersi impegnati alla morte per l'esatto contrario?

"Il fegato e quello che c'è intorno" come si sentono?

Poi ci sono le "grandi manovre" per provare a ripristinare le vergognose prescrizioni a beneficio di ladri, corrotti e truffatori, per le quali l'unione europea aveva bacchettato l'Italia e che furono bloccate dalla legge Bonafede, che effetto hanno sulla salute degli organi interni degli italiani sensibili?

Che dire poi di questa regola bancaria dolorosamente sperimentata da tanti italiani in difficoltà: a chi è ricco, tanti soldi a basso costo; a chi è povero, pochi soldi ad alto costo.

Non ci "mangiamo" "er fegato e quello che c'è intorno"?

Il cambio di governo era proprio quello **che non ci voleva** per gli italiani!

Come reagisce il nostro "fegato e quello che c'è intorno" quando vediamo quelli che hanno massacrato e spolpato l'Italia negli ultimi trent'anni *ancora al governo pur avendo straperso le elezioni, con l'acquolina in bocca pronti a spolparci ancora?*

Potremmo continuare ancora a lungo...

Sarebbe sacrosanto un provvedimento governativo di risarcimento per i danni alla saluti subiti dagli italiani a causa dei politici avidi, corrotti, mafiosi e omertosi.

Riprendere quello che hanno rubato i politici summenzionati sarebbe più che sufficiente per reperire i fondi necessari.

"A Taranto c'è una fabbrica che inquina in assenza di controlli grazie a una politica che non è mai intervenuta, che ha permesso all'ILVA con svariati decreti di emergenza di continuare a inquinare e a uccidere" (Angelo Bonelli, leader dei "verdi").

I medici nominati dal gip redicono un rapporto in cui si parla do 650 ricoveri a Taranto ogni anno per patologie cardiorespiratorie, nonché un elevato numero di tumori in età pediatrica.

Cifre che sono particolarmente elevate tra gli ex operai e nei quartieri vicini allo stabilimento siderurgico ILVA.

Luned' 31 maggio 2021 la Corte d'assise di Taranto ha così condannato i responsabili dell'ILVA: Fabio Riva, ex vicepresidente, gestore dell'acciaieria trail 1995 e il 2012, 20 anni di reclusione; Nicola Riva, fratello di Fabio, cogestore tra il 1996 e il 2012, 20 anni di reclusione; Girolamo Archinà, responsabili delle relazioni istituzionali, 21 anni e 6 mesi di reclusione; Nichi Vendola, ex presidente della regione Puglia, 3 anni e 6 mesi per concussione; Gianni Florido, ex presidente della provincia di Taranto, corresponsabile dell'utilizzo della discarica interna della fabbrica, 3 anni di reclusione.

Alcune domande restano in attesa di risposta: tenendo conto che dopo la morte del papà Emilio Riva praticamente nessun risarcimento imposto da sentenza fu versato alle parti civili, con sotterfugi per i quali molti sono grandi maestri, questa volta le vittime saranno risarcite?

Che dire poi dei governi politici collusi e coresponsabili?

Almeno 4 i governi coinvolti che hanno protetto questo sistema velenoso: governo Silvio Berlusconi; governo Mario Monti; governo Enrico Letta; Governo Matteo Renzi.

Sarà presentato loro qualche "conto" da pagare, oppure l'"oste" sarà mandato in vacanza?

Gli italiani e le vittime meritano risposte!

"Sembra che si voglia oggi far pesare sulle spalle degli invalidi gli errori e gli sprechi del passato. Tagliare sulla spesa sanitaria non deve prevalere sui bisogni e sulle fragilità delle persone. Tutto questo non è degno di un paese civile. Il grado di civiltà di una nazione si misura dalla protezione che si da ai più deboli" (Luciano Festa, lettore che scrive a "Il fatto quotidiano").

Mi sembra una incontestabile "perla" di cultura e civiltà.

L'esperienza del signor Luciano è tutt'altro che isolata.

Anche questo fa parte della "discontinuità" chiesta a gran voce rispetto al precedente governo Conte: un "Drago" amichevole con chi vuole divorare i fondi della sanità, al posto di un "nobile" d'animo che si preoccupa dei più fragili.

Leggete quest'altra "perla":

"Nella regione Lombardia dominare sulla sanità significava stringere tra le mani un blocchetto degli assegni di oltre 20 miliardi di euro all'anno. Era il famoso "modello della sanità lombarda", indicato come il migliore in assoluto, ma crollato miseramente alla prova della pandemia del 2020. Ma nemmeno le migliaia di morti da Covid della Lombardia sarebbero bastate a smascherare la Lega agli occhi delle persone… Con oltre trent'anni di storia politica alle spalle, la Lega aveva la capacità con le parole di arrivare alla pancia della gente… Non contavano le idee e i programmi, contavano le emozioni. E l'obiettivo della lega era quello di arrivare a smuovere i sentimenti più istintivi e meno razionali delle persone (*tanto l'informazione pubblica era già pilotata, un po' come nel ventennio fascista, n.d.r.*)…

Il nulla diventava la sostanza e la realtà si basava sulla percezione effimera che molti italiani avevano…A Matteo Salvini non interessava usare i soldi dei contribuenti italiani per creare servizi. Lui era un influenzer che vendeva un prodotto. E il prodotto era se stesso. In un connubio di propaganda e di fake news, condito di attacchi contro nemici creati ad arte, conduceva il commercio della sua immagine. Ma dietro tutto questo esisteva il mondo reale: visto da pochi, ma c'era. Era una battaglia fra i fatti e le chiacchiere. Indubbiamente in quel periodo le chiacchiere avevano avuto la meglio: Matteo Salvini era forte, nonostante sul piano della concretezza politica stesse a zero" (Danilo Toninelli, senatore, ex ministro delle infrastrutture).

Questa "Perla " di Danilo Toninelli si commenta da se.

Come ulteriore commento, aggiungo una parte de' "L'APOLOGIA DELL'INDECENZA" scritta dal signor Attanasio Mimmì in una lettera aperta per il Presidente Mattarella (Il titolo l'ho inventato, ma mi sembra che sia appropriato).

"MI scusi Presidente Mattarella, personalmente non reputo indecente il commerciante che non fa uno scontrino o un artigiano che non rilascia una fattura. Reputo molto più indecente,in un Paese civile, i vitalizi e le pensioni d'oro, l'enorme tasso di corruzione della politica, le auto blu e tutti i vostri privilegi. Indecenti sono i ponti che crollano e i terremotati che vivono nelle tende. Indecenti sono 400 euro di pensione per chi ha lavorato una vita e 600 euro di stipendio per chi si fa il culo in fabbrica. Indecente è la Terra dei fuochi, l'Ilva di Taranto e il rogo della Thyssen. Indecente è che ogni volta che piove si contano i morti. Indecente è l'impunità dilagante e il pilotare giudici e sentenze. Indecenti sono i processi che finiscono in prescrizione..."

Questa "apologia dell'indecenza" potrebbe continuare molto a lungo.

Il Presidente della Repubblica ne prenderà atto?

Nel riprendere lo sfogo del signor Mimmì, non possiamo non convenire che certe persone in politica, religione e alta finanza si rivelano simili a quelli che "scolavano il moscerino e inghiottivano il cammello"(capitolo 23 del vangelo di Matteo, verso 24) o che vanno a cercare la "pagliuzza" nell'occhio di qualcuno, avendo una "trave" nel proprio (Vangelo di Luca, capitolo 6 versi 41 e 42).

Che squallida ipocrisia.

"Consapevole della solennità e dell'importanza dell'atto che compio e dell'impegno che assumo, giuro:

di esercitare la medicina in libertà e indipendenza di giudizio e di comportamento rifuggendo da ogni indebito condizionamento; di perseguire la difesa della vita, la tutela della salute fisica e psichica dell'uomo e il sollievo dalla sofferenza, cui ispirerò con responsabilità e costante impegno scientifico, culturale e sociale ogni mio atto professionale; di curare ogni paziente con eguale scrupolo e impegno, prescindendo da etnia, religione, nazionalità, condizione sociale e ideologia politica e promuovendo l'eliminazione di ogni forma di discriminazione in campo sanitario; di non compiere mai atti idonei a provocare deliberatamente la morte di una persona; di astenermi da ogni accanimento diagnostico

E terapeutico; di promuovere l'alleanza terapeutica col paziente fondata sulla fiducia e sulla reciproca informazione, nel rispetto e condivisione dei principi a cui si ispira l'arte medica; di attenermi nella mia attività ai principi etici della solidarietà umana contro i quali, nel rispetto della vita e della persona, non utilizzerò mai le mie conoscenze; di mettere le mie conoscenze a disposizione del progresso della medicina; di affidare la mia reputazione professionale esclusivamente alla mia competenza e alle mie doti morali; di evitare, anche al di fuori dell'esercizio professionale, ogni atto e comportamento che possano ledere il decoro e la dignità della professione; di rispettare i colleghi anche in caso di contrasti di opinioni; di rispettare e facilitare il diritto alla libera scelta del medico; di prestare assistenza d'urgenza a chi ne abbisogni e di mettermi, in caso di pubblica calamità, a disposizione dell'autorità competente; di osservare il segreto professionale e di tutelare la riservatezza su tutto ciò che mi è confidato, che vedo o che ho veduto , inteso o intuito nell'esercizio della mia professione o in ragione del mio stato; di prestare, in scienza e coscienza, la mia opera, con diligenza, perizia e prudenza e secondo equità, osservando le norme deontologiche che regolano l'esercizio della medicina e quelle giuridiche che non risultino in contrasto con gli scopi della professione" (Giuramento di Ippocrate secondo la versione moderna; Ippocrate di Coo è riconosciuto come il padre della medicina).

Sarebbe meraviglioso se tutti i medici tenessero sempre in considerazione questo giuramento, che è vincolante per chiunque intraprenda questa professione.

Ancor più meraviglioso sarebbe se chi prende decisioni politiche sulla sanità si attenesse allo "spirito" di questo giuramento.

Da sempre le nomine dei primari ospedalieri sono state quasi esclusivamente politiche, quindi non aventi attinenza con i requisiti e le effettive capacità professionali.

Un simile modo di fare, di che beneficio è per i malati?

Possibile che "il Partito", la "casta" politica, debba avere l'autorità in un settore cosi delicato?

Il giuramento di Ippocrate dice tutt'altro!

*Anche svendere la sanità pubblica a beneficio della sanità privata tradisce lo "spirito" di questo giuramento, **a meno che la sanità privata non sia obbligata a curare tutti egualmente e senza distinzioni "Prescindendo da etnia, religione, nazionalità, condizione sociale e ideologia politica e promuovendo l'eliminazione di ogni forma di discriminazione in campo sanitario".***

Sarebbe una rivoluzione sociale!

Ce li vedete i dirigenti delle regioni fare qualcosa del genere?

Al momento sembrano tutti molto impegnati a restituire i vitalizi ai "ladroni" e a riprendersi i soldi tagliati dal governo Conte agli stipendi dei politici.

"Se ti lasci ossessionare dall'idea di fare tutto, non avrai mai un senso di benessere!   Pensa che

praticamente quasi tutto può aspettare. Sono pochissimi gli impegni che rientrano veramente nella categoria delle emergenze. Se ti concentri sul tuo lavoro, riuscirai a fare tutto a tempo debito. Lo scopo della vita non è arrivare a fare tutto, ma godere di ogni passo e vivere una vita piena d'amore, senza l'ossessione di arrivare alla fine della lista delle cose da fare. Ricordati che quando morirai, dovrai per forza lasciare a metà un sacco di cose non finite. E ci sarà qualcun altro che le farà al posto tuo! Non sprecare altro tempo prezioso della tua vita a rimpiangere l'inevitabile" (Richard Carlson, psicoterapeuta conferenziere e scrittore).

E' facile dimenticare questa "perla di saggezza" di Richard Carlson.

Nessuno può determinare quando arriverà il momento in cui dovrà "per forza lasciare a metà un sacco di cose non finite".

Sarebbe un peccato sprecare il tempo vivendo nell'ossessione di arrivare alla fine della lista delle cose da fare, lista che non finira mai di allungarsi!

Meglio concentrarsi il tempo necessario sul proprio lavoro e godersi la vita insieme ai propri cari.

Mi consola pensare che Richard l'abbia fatto, avendo avuto una vita relativamente breve.

"A cento anni ho perso un po' la vista, molto l'udito. Alle conferenze non vedo le proiezioni e non sento bene. Ma penso più adesso di quando avevo vent'anni. Il corpo faccia quello che vuole. Io non sono il corpo: io sono la mente" (Rita Levi

Montalcini, neurobiologa, premio Nobel per la medicina).

Rita Levi Montalcini è vissuta 103 anni con grande lucidità.

Il fatto che a cento anni pensava di più di quando ne aveva 20 è un incoraggiamento e un modello per tutto coloro che si avvicinano alla vecchiaia, nonni e bisnonni come me.

Ogni persona di età avanzata è una biblioteca vivente, in grado di dare molto se mantiene le proprie facoltà mentali.

Non dimentichiamolo.

Le persone che sono cresciute con una bella "testa" e un buon "cuore" sono quelle che hanno provato piacere nell'ascoltare e non emarginare le persone d'età avanzata.

"Lo scienziato nel suo laboratorio non è solo un tecnico, **è anche un bambino davanti a fenomeni della natura che lo affascinano** come un racconto di fate" (Maria Sklodowska Curie, scienziata e premio Nobel per la fisica e per la chimica).

Quando lo scienziato è affascinato dallo studio della natura può raggiungere risultati preziosi per l'umanità.

Maria Curie con le sue scoperte a dato il via a una nuova era nella cura dei tumori: l'era della medicina nucleare, cioè quella branca della medicina che usa sostanze radioattive in diagnosi e in terapia.

Altri dopo di lei, a cominciare dalla figlia Irene, hanno beneficiato della sua passione di "bambino affascinato dallo studio della natura" per edificare dai suoi studi.

Un risultato è che quello che un tempo era un "mostro" invincibile, ora è un "nemico", contro il quale si può combattere con buone possibilità di vincere.

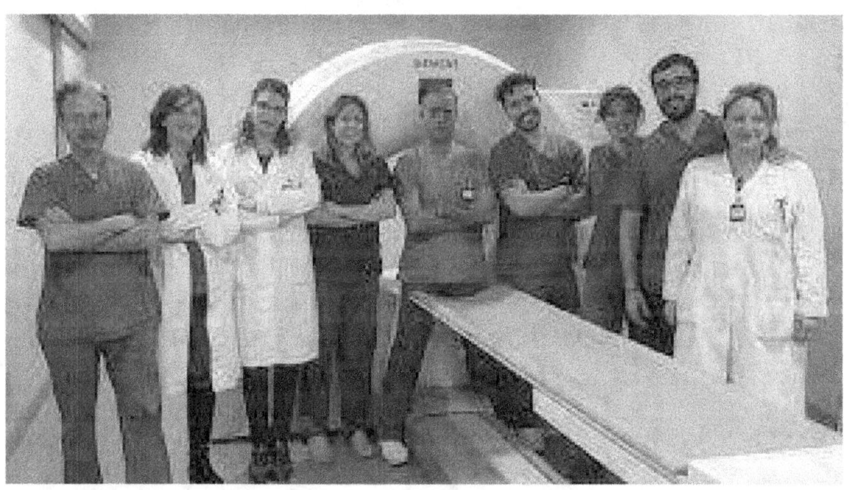

Squadra di tecnici e medici di medicina nucleare

Sosteniamo sempre i nostri "bambini affascinati dallo studio della natura", dando loro tutto ciò di cui hanno bisogno.

Conclusione

Dedico questo libro a tutti coloro che amano la giustizia.

Che hanno sofferto a causa dell'ingiustizia.

Che hanno rifiutato di voltarsi per non vedere, anche se è costato loro caro.

Che hanno mantenuto i loro valori morali nonostante le forti pressioni.

Che hanno continuato ad essere come i cani da guardia, rifiutandosi di essere cani da riporto.

Che rispettano la costituzione italiana e i principi biblici.

Che non vogliono fermarsi all'apparenza ma vogliono conoscere la sostanza delle cose.

Che non sono nati eroi, ma lo sono diventati per aiutare il prossimo in difficoltà.

Dedicato anche a chi vorrebbe essere così, ma per qualche motivo non ci riesce.

Non è mai troppo tardi.

UN CARO SALUTO A TUTTI DA
BISNONNO MAURIZIO

La leccherei, ma non lo faccio per una questione igienica

I PENSIERI DI MAU...3, Perle di saggezza raccolte insieme
alle riflessioni di bisnonno Maurizio
Edizione luglio 2021

Pronipoti in vacanza, al mare!

"I pensieri di Mau…2 versione riveduta e ampliata;

"Bibbia, Coscienza e Libertà Cristiana" versione riveduta e ampliata; per non perdere la fede nonostante le religioni;

DOTTRINE
CONTROVERSE
Nuova Edizione
Ampliata
per vederci un pò più chiaro
Maurizio Paratore

"La vera raccapricciante storia di Cappuccetto Rosso";

"La vera, completa, emozionante storia di Riccioli D'Oro, Pamela d'argento e l'orsetto Faccia di Bronzo";

"I pensieri di Mau… 3" Perle di saggezza raccolte insieme alle riflessioni di Bisnonno Maurizio

EDIZIONE LUGLIO 2021

9 798530 138751